1. 烏魯木齊北方的客棧

2. 托克遜與焉耆之間靠近阿格爾泉的一處險隘

3. 額敏和卓的祠堂

4. 烏魯木齊的一條街道，中間為一刑具——站籠

5. 雅爾浩特古城中的一條街道

6. 雅爾浩特古城附近的一處石窟寺廟

7. 吐魯番附近一座回教墓塚，圍牆上裝飾著佛教的法輪圖案

8. 高昌古城中的佛教台階式金字塔

9. 遠眺高昌古城

10. 高昌遺蹟，其中有伊朗式拱柱

11. 高昌古城牆，前為負責載運我們行李的駱駝

12. 拜會魯克沁王

13. 農夫沙烏特的客棧：一九〇五年我們在哈拉和卓的基地

14. 高昌希臘化風格的頭像

15. 高昌編號「遺址K」的停屍間

16. 高昌摩尼教圓頂建築

17. 高昌的基督教壁畫，內容可能是「棕樹主節」

18. 高昌「遺址 K」中的摩尼畫像

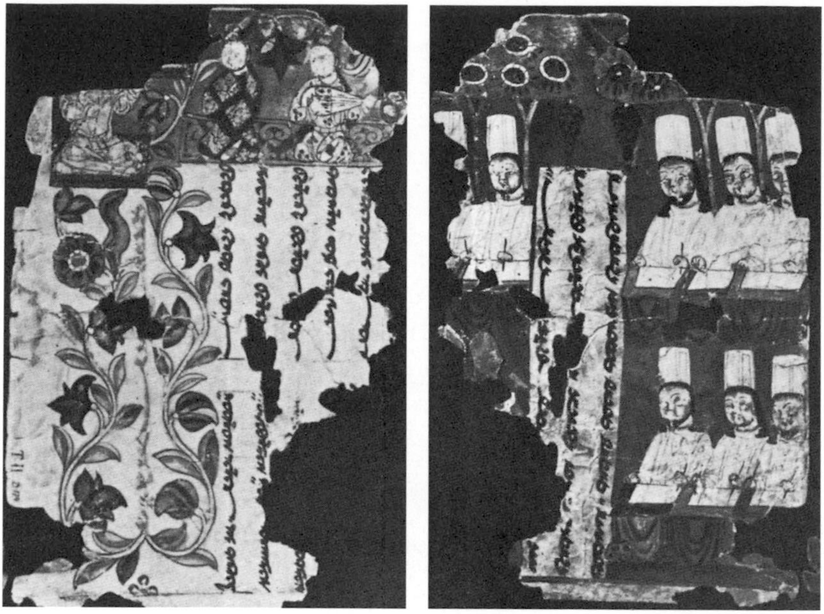

19. 高昌發現的用粟特文抄寫的摩尼教經典上的插圖

20. 高昌希臘化時期風格的佛菩薩軀幹

21. 高昌「伽瑪遺蹟」中的舍利塔

22. 高昌「伽瑪遺蹟」全景

23. 高昌美不勝收的壁頂壁畫

24. 哈拉和卓的「米拉伯」(管水的人)，典型的當地男子

25. 哈拉和卓的楚薇德汗，細緻優雅的女性典型

26. 哈拉和卓的烤爐，當地婦女正用來烘烤麵包

27. 哈拉和卓的織布機

28. 高昌以東的墳塚，波斯式圓頂建築

29. 斯爾克普的大型舍利塔

30. 勝金口築有防禦圍牆的石窟寺廟

31. 勝金口河灣的石磚寺廟

32. 柏孜克里克南面石窟

33. 柏孜克里克千佛洞主台基的北角

34. 從東側看柏孜克里克千佛洞主台基

35. 柏孜克里克千佛洞主台基南角

36. 柏孜克里克千佛洞壁畫中早期敘利亞風格人物造型：迦葉尊者

37. 柏孜克里克千佛洞壁畫中早期吐火羅人與東亞人造型：迦葉尊者和阿難尊者

38. 柏孜克里克千佛洞壁畫中早期人物造型：波斯風格供養人像

39. 柏孜克里克千佛洞壁畫中早期人物造型：突厥王子

40. 柏孜克里克千佛洞壁畫中早期人物造型：東亞僧侶

41. 柏孜克里克千佛洞壁畫中早期人物造型：印度僧侶

42. 陳列在柏林民族學博物館裡的柏孜克里克壁畫

43. 吐峪溝的七睡人聖廟

44. 吐峪溝右河岸的石窟寺廟（一九一六年毀於地震）

45. 吐峪溝河灣左岸的石窟（在此處發現大量經卷）

46. 吐峪溝河灣左岸的遺蹟

47. 哈密郡王的夏日行宫阿拉塔姆

48. 小阿薩的印度式舍利塔與波斯式圓頂建築

49. 哈密附近阿拉塔姆的佛教寺廟遺蹟

50. 哈密郡王的陵寢與祠堂

51. 哈密祠堂裡廊柱式正廳

52. 庫木土拉木扎爾特河沿岸的石窟寺廟

53. 庫木土拉石窟寺廟裡的通道

54. 亞歷山大大帝後裔罕薩郡王米拉・薩夫達爾・阿里

55. 卡爾馬特汗，典型男性費爾干那突厥人

56. 布古爾（輪台）的一條搭棚的市街

57. 沙雅一處回教禮拜堂

58. 克孜爾千佛洞西側

59. 克孜爾千佛洞東側

60. 巴圖斯與工人們在克孜爾小山溝的石窟上

61. 克孜爾大山溝的「石梯窟」

62. 克孜爾「石梯窟」中正殿新月形屋頂邊隙壁畫
上：佛陀受魔女誘惑圖；下：佛陀生平事蹟壁畫

63. 克孜爾小山溝入口處右岸的石窟群

64. 克孜爾大山溝北端兩山溝交會處的石窟群，一九一六年毀於地震

65.「紅色圓頂石窟」，壁畫上有身著歐風服飾的供養人像。
在此發現「死亡之舞」和大量經卷手稿

66. 庫木土拉石窟中的壁畫：吐火羅少女

67. 克孜爾石窟中的壁畫：白衣大士和暗膚色的印度女樂師
（手抱巴比倫豎琴）

68. 克孜爾石窟中的壁畫：著東薩珊尼王朝式服裝的吐火羅畫師像

69. 從克孜爾第二石窟群中的禪房窗口向外遠眺

70. 克孜爾的「落石窟」，作者險些在此喪命

71. 克孜爾第二石窟群中的一個正殿，有佛像基座與通道

72. 克孜爾第二石窟群中通往一條通道的入口

73. 吐峪溝發現的木製聖骨罈　74. 七康湖發現的平面藻井圖飾

75. 克孜爾的「人像窟」，內有希臘化時期風格的塑像遺蹟

76. 一位羅漢（可能是迦葉尊者）的頭像，摹仿晚期古典藝術風格赫丘力士的形象

77. 克孜爾「船夫窟」中一幅具印度希臘化風格的佛教傳說壁畫

78. 克孜爾「孔雀窟」中的佛陀受魔女試探圖

79. 克孜爾石窟中的分贈佛陀舍利壁畫

80. 克孜爾石窟中具明顯晚期古典藝術風格的佛陀說法圖

81. 克孜爾石窟中的圓頂壁畫，畫的是佛陀本生譚，主要顏色為湛藍與大紅

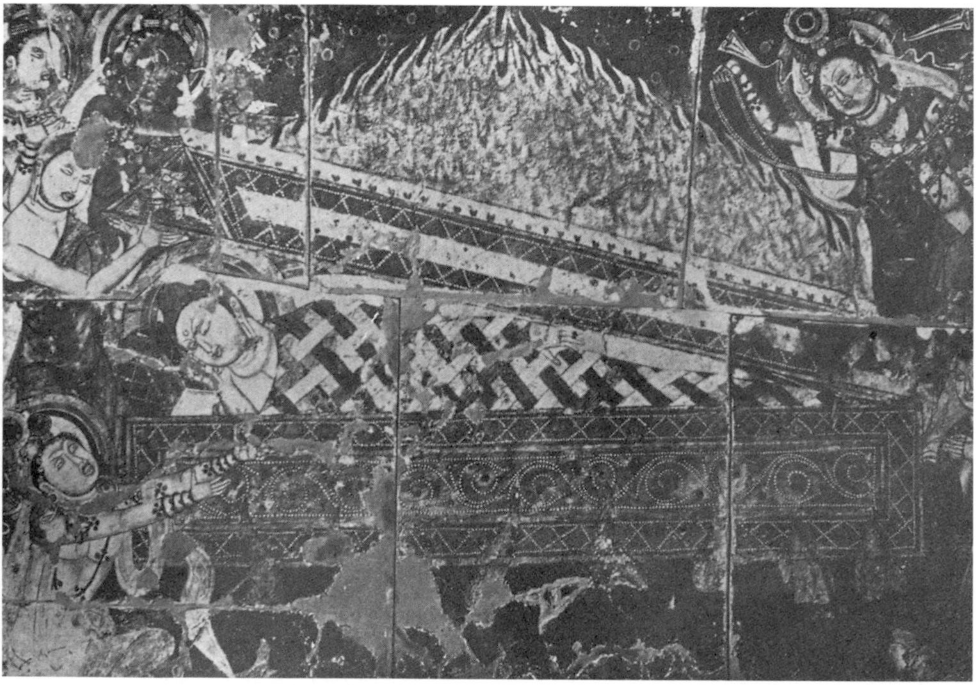

82. 克孜爾石窟壁畫：佛陀荼毘圖（佛陀身纏木乃伊式紗布，棺蓋上有龍形圖案）

83. 興都庫什山區中一座有精美藻井結構屋頂的廳堂（斯坦因爵士提供）

84. 克孜爾石窟中發現的一個象柱基座，也是一個女像柱

85. 碩爾楚克發現的一尊神像

86. 從焉耆附近遠眺碩爾楚克古城遺址

87. 英國駐喀什噶爾領事馬繼業爵士在喀什噶爾的府邸

88. 商隊橫渡提孜那甫河

89. 喀喇崑崙山「庫蘭約迪地區的客棧」(Kulan öldi，意為「野驢已死」)

90. 帕那米克附近的西藏舍利塔

91. 帕那米克附近刻有六字大明咒「唵嘛呢叭彌吽」的嘛呢石堆

92. 帕那米克附近的一座西藏寺院

93. 拉瑪玉如（Lamayuru）的舍利塔群

94. 德拉斯（Dras）的碉堡

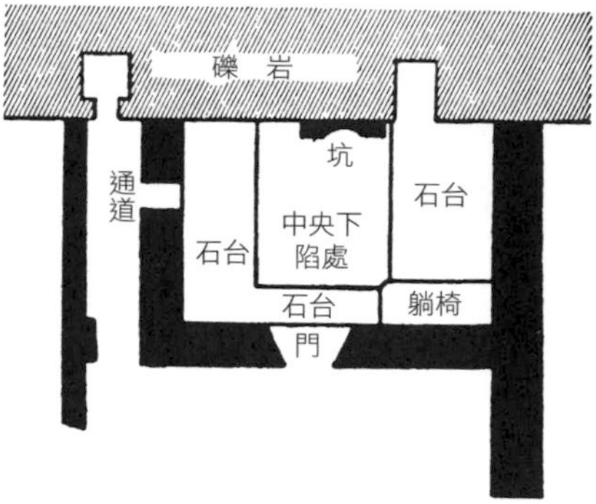

95. 禪房平面圖

96. 克孜爾「紅色圓頂石窟」內的壁畫
上：歌德式的供養人「死亡之舞」；下：佛教傳說

97. 克孜爾發現的國王沐浴圖，將佛陀生平事蹟繪畫在一塊布上
（格倫威德爾繪）

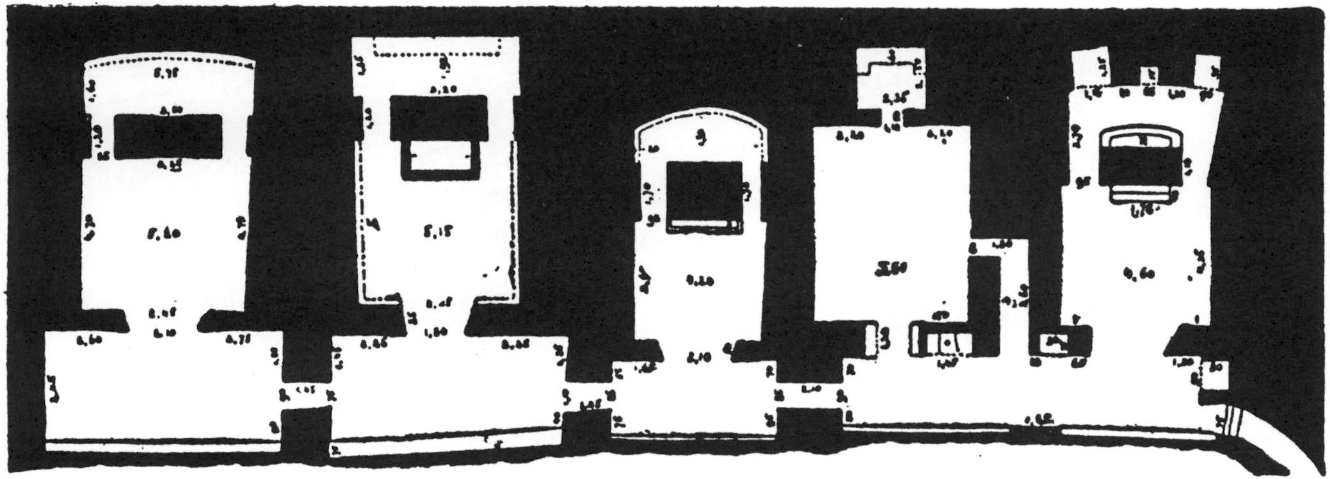

98. 庫木土拉石窟中主要建築的平面圖（勒・寇克繪）

99. 供養人畫像（格倫威德爾繪）

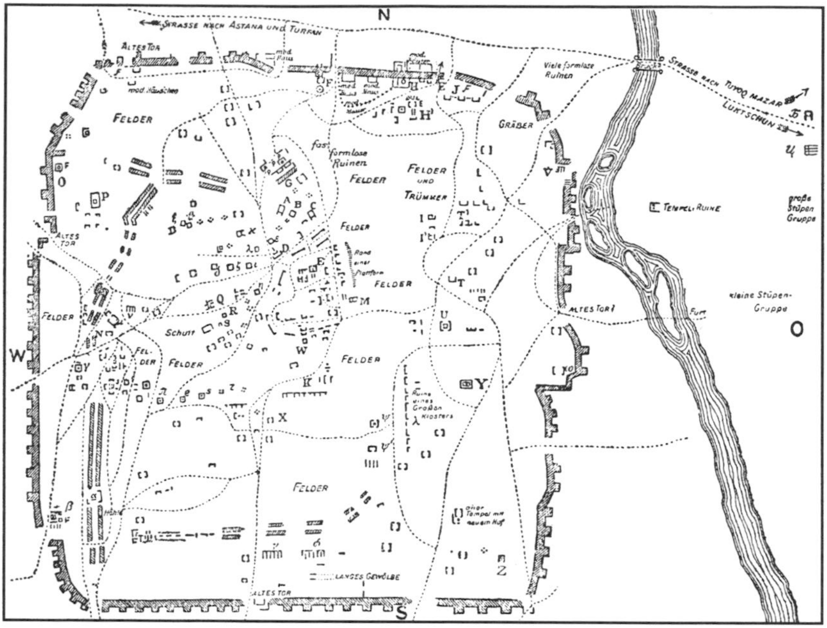

100. 高昌古城佛教遺址分布圖（格倫威德爾繪）

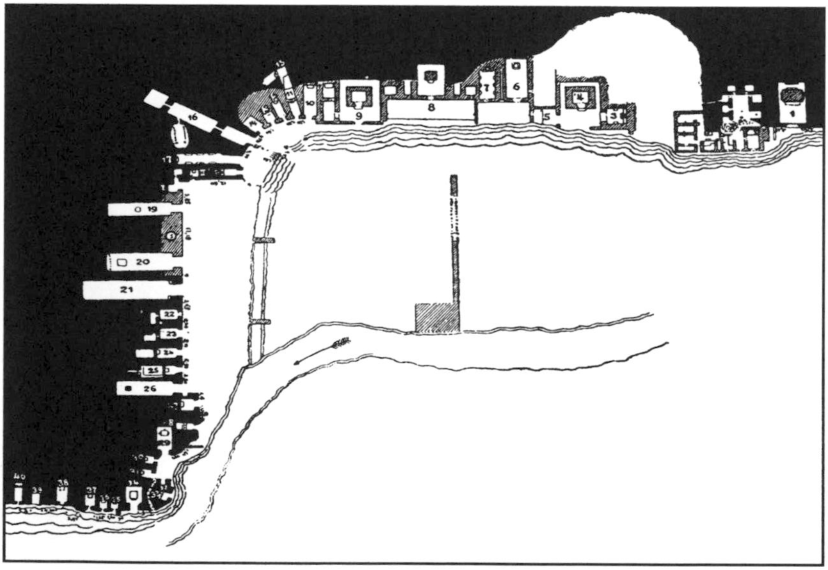

101. 柏孜克里克佛教遺址分布圖（格倫威德爾繪）

Travel Classics Library

探險與旅行經典文庫

09

馬可孛羅

BURIED TREASURES OF
CHINESE TURKESTAN

新疆地理寶藏記

ALBERT VON
LE COQ
阿爾伯特・馮・勒・寇克

劉建台——譯

導讀

新疆地理寶藏記

中國後院的盜寶者

五年前（1995），在一個偶然的機遇，麥田出版的陳雨航要我為耶利米．威爾森（Jeremy Wilson）的《阿拉伯的勞倫斯》（*Lawrence of Arabia*, 1989）寫序；在此之前，我尚未寫過任何與旅行史題材相關的文字，但多年的閱讀浸染與愛好，不吐不快，結果竟寫了一篇一萬五千字的長序，弄得有點喧賓奪主兼不識趣了。

那篇文章寫三位前後探險於阿拉伯沙漠的英國旅行家，軼事左右蔓生，年代縱跨百年，更兼手繪地圖以示足蹤，一發難以收拾。雖說文章述說的是三位外來的旅行家，卻也看見阿拉伯民族的近代歷史滄桑；我忍不住大發謬論說：「噫，旅行人所見豈祇風土人情咁簡單，我們從三個英國人在沙漠的故事當然也看見古國沉淪的歷史；而如果把這三個人換成另外三位旅行家：斯文．赫定（Sven Hedin）、斯坦因（Aurel Stein）、勒．寇克（Albert von Le Coq），沙漠換成另一個沙漠：戈壁，那這一段故事我們就看見鏡中的自己。」

這裡提到的其中一位，就是本書《新疆地理寶藏記》（*Buried Treasures of Chinese Turkestan*, 1928）的作者阿爾伯特・馮・勒・寇克（1860-1930）。

而這樣的感觸其來有自，讀中國近代史有時難免興憂國之感；十九世紀末，歐美諸強已進入現代國家社會的政經架構，中國卻仍像遙遠記憶中的古老國度，而兩者之間的「傲慢相遇」則預示著長達一世紀以上的國族屈辱，這個傷痕至今未能撫平，許多驕傲、自卑皆因此而起；我甚至可以說，海峽兩岸今天相煎太急的局面都與這段挫傷的歷史有關。

我可能扯得遠了，但至少有一件事便是此一歷史的後遺症；我曾經自問，何以西方數百年來波瀾壯闊的「旅行探險經典」在華文世界裡長期無人聞問，成為一塊出版與閱讀的空白？我始終猜想這些西方探險家曾經闖入我們的後院，窺探我們最頹唐不堪的一面，並把它形諸文字（我們因而不得不讀到落後、奇異、神祕、野蠻等屬於自己的描述），他們更趁著我們的昏昧無知，取走了無數的文化遺產，這段歷史是不容易面對的吧？

近幾十年中國大陸學界在研究西北歷史時，光是對如何看待當年這些西方探險家兼考察家，就是一場尷尬的考驗；這些西方旅行家進出中國西北僻壤，踏勘地形、繪描地理、考察動物植被、更考掘古蹟文物，當時的中國政府與民間並無現代知識可以了解這些行動的意義。後來的中國學者有的把這些西方探險家指為「亡命的機會主義者」和「帝國主義盜賊」，卻不知道如何面對他們的世界性學術貢獻（這些人許多是一流的漢學家，他們使中國的遺產廣為世人所知，甚至解決了某些中國學者無法解決的歷史問題）；只是做為一個喪失大量珍貴文物的受害古國，感情上不能忍受也是可以了解的。

這一份探險家的名單，除了前面提到的三大名家之外，也許還應該加上法國的伯希和（Paul Pelliot，以取走大量敦煌手卷而聞名）、日本的大谷光瑞、俄國的普爾熱瓦爾斯基（Nikolai Prejevalsky，以中亞地理考察而聞名，他常任意把俄國名字安在中國山川之上），以及美國的華爾納（Langdon Warner）；想想看，加上斯文・赫定的瑞典籍、斯坦因的匈牙利裔英國籍、勒・寇克的德國籍，這份穿堂入戶的探險家名單簡直另一個「八國聯軍」，心理上受辱似的創傷之感可以想見。

如今我們再到「絲綢之路」（這也是其中一位闖入者斯文・赫定發明的「異國情調名字）觀光旅行，洞窟古蹟不時看到去了頭的佛像、和平整切去的壁畫（多半是本書作者勒・寇克的傑作），不免令人興文物浩劫之嘆；這些美麗珍貴的古文物如今「花果飄零」，你得到英國、法國、美國、俄國、日本、瑞典、德國等地才能見得齊全，有些流入私人收藏的就無緣得見了。

當然也有西方人說，這些文物當時無疑是帝國主義思想下的掠奪，但結果卻猶如天啟神佑，保護這些全人類共同遺產免於貧窮、愚昧或天災的破壞，至少躲開了後來文化大革命的全面性摧殘。而勒．寇克也曾經說，他在一九一三年在新疆考掘壁畫時，有許多精美文物不及取出，三年後一場大地震毀掉許多廟宇，那些壁畫也隨之沒入煙塵，令他扼腕不已。從中國人的立場，歷史文物是被「偷」了，但從當時的西歐人來看，這些文物是被「發現」了，這解釋了當時並沒有人譴責這些探險家，英國皇家甚至頒授了爵位給斯坦因和斯文．赫定兩人，表彰他們對文明發現的貢獻；對劫掠文物這件事，後來在西方有了比較同情中國的立場，乃是晚近的事。

地理寶藏的出土記

對於這段情感上難以接受的歷史，我還是主張要閱讀的。一方面，我們如今已有足夠的知識，了解這些事發生的原因與意義；另一方面，這些書所記錄的中國與生活，已經是消逝的景觀，它們的另一個功能，反而是「保存」了某種生活型態和社會狀態的紀錄。

要了解那一段時間（差不多是清末到民國十幾年），西方人在中國西部與中亞地區的活動，也許可以從楊赫斯本（Francis Younghusband）讀起，看這些對東方的探險好奇是如何點燃的；然後及於斯文・赫定與斯坦因，看到探險如何轉為對歷史與考古的追求，進而成為致富的傳奇；再讀到勒・寇克，我們就看到追逐神祕東方寶藏如何成為一場帝國主義的競賽；如果行有餘力，也許我們還可以再讀一九三五年銜命赴新疆查訪俄國人擴張活動的英國外交官艾瑞克・戴區曼（Eric Teichman）的《新疆之旅》（*Journey to Turkistan*, 1937），我們就能明白後續的結果，以及中國內部後來對文物飄零的感受。而我自己，也預備按照這條線索，在〈探險與旅行經典文庫〉裡，陸續收入上述人物的著作。

幾位在中國新疆探險兼考察（並竊取）古代文物的探險家，都是勇氣與知識兼備的人物；即使是聲譽不如斯文・赫定和斯坦因顯赫那般的勒・寇克，他也是多種中亞語言（至少包括阿拉伯文、波斯文、土耳其文和梵文）和歷史的專家。受了斯坦因在新疆發現大量古代文物的刺激，德國人也極力想取得這些令世人垂涎的寶物，以便增添帝國以及柏林博物館的收藏；勒・寇克把握機會，不求報酬爭取參加探險隊伍的任務，一九〇二年他以四十二歲「高齡」如願以償，參加了第一次德國在吐魯番一帶的考察發掘，那是由阿爾伯特・格倫威德爾（Albert Grunwedel）所領導的探險隊；這一次的考掘，帶回去了四十六箱的寶物，算是豐收的了。但如果和後來（1904年）勒・寇克親自領軍的三次探險隊，所帶回的寶物收穫比起來，就顯得微不足道。

可能是運氣，也有毅力，以及一種強烈的尋寶企圖心，勒・寇克是取走最多中國歷史文物的探險家。在《新疆地理寶藏記》裡，他生動地記錄了他的運氣，譬如丟擲銅板決定探險路線（這段軼事後來成為英國史家霍布科克的一章篇名，就叫做〈勒・寇克丟了一個銅板〉）、以及他腳底沙地流動，竟然露出一面絕美上古壁畫的景觀；他也記錄了割取壁畫的方法，他把整面牆「片」下來，或仔細切割成駱駝可搬運的大小，前後都加了包裝，小心翼翼地運輸，我們今天仍可想像，那麼巨大笨重的壁畫，必須千里迢迢運回歐洲（當中要越過艱難的地形，以及充滿盜賊的區域），其間的困難一定不在少數。

一次大戰爆發後，德國人不得不停止在中國新疆的掘寶行動；法國人伯希和接踵其後，取走了舉世著名的敦煌手卷；但在他之後，中國政府與民間學界再也不能容忍沙漠中的駝鈴，運走一隊一隊的中國歷史（以及一片一片的中國靈魂），探險活動從此對外國人關上大門，直到一九二六年斯文．赫定與中國學者共同考察的研究再起，但那已經不是私自穿越中國的「後院」，而是一個與主人配合的行動，所發現的結果也就不離開中國的土地了。

勒．寇克帶走的寶物，後來終究流落何方？一開始，這些難得的寶物都保存在柏林的民俗學博物館；但二次大戰期間，盟軍轟炸柏林，民俗學博物館主建築被炸毀，失去了部分。勒．寇克寶藏有一部分在戰爭時被移到較安全的儲藏處，但柏林淪陷時，這批寶物消失了；有證據顯示，蘇聯紅軍至少劫走了其中十箱以上的寶物，但到今天為止，這批失蹤的寶物還未重現於天地之間。

重讀勒．寇克的書，心情不免是複雜的；他生動地記錄了當時的塞外景致與生活情況，也記錄了他們克服萬難的探險生活，對他所親眼目睹的景物也都有一手的報導；也許我們應該慶幸他留下了這些已被遺忘的世界的描繪，使我們不至於失去一種記憶。但看到他取去的各種寶物，對照我們今日旅行所看到的空白牆面與失去頭顱的雕像，彷彿是一個難以痊癒的傷痕，如果連帶想起百年之間華人遷徙、文化流逝的舊事，也是很難不帶些傷感的呢。

自序

在柏林狄崔屈・萊默（Dietrich Reimer）出版社無私的協助之下，我們在吐魯番綠洲發現的大量價值非凡文物的圖片，才得以公開出版。也因此，社會各階層對這些發現的興趣直線上揚。

同時，由於政府的資助，以及國家博物館工作人員友善的合作，在花費了大量心血後，這些文物都已被拍照存檔，而且公開展覽。對我多年的辛苦工作而言，這個結果確實是一個完美的句點。當然，我心中也時常產生一種複雜的情緒，深恐有些人對我的工作不甚理解。

在貝克（Dr. Becker）部長的協助下，我們從博物館的儲藏室取出了一百一十五箱壁畫和其他文物。在大戰期間，它們一直被存放在這裡。存放這些文物的展覽廳也已經開始籌建。

狄崔屈・萊默出版社的老朋友和工作夥伴的大力幫忙下，我還出版了六大本畫冊，收集了我在歷次探險活動中發現的大量有價值文物的圖片，書名題為《希臘化晚期的中亞佛教藝術》（*The Late Greco-Buddhist Art of Central Asia*）。我必須對他們再一次表示由衷的感謝，在這個經濟蕭條的時期，出版這批畫冊無疑地必須冒許多風險。

然而，我最想感謝的是政府相關部門，在他們的協助下，這個展覽才得以順利進行。

我還要向兩個人表示由衷的謝意，一是公共科學和藝術教育部長貝克博士，另一則是他的助手、樞密顧問賈爾（Gall）博士，他們兩人如實地具現了我的夢想。

我也要感謝國家博物館的建築師威爾（Wille）先生，在他的精心準備之下，我們得到了許多專業知識和正確建議，才使得這個展覽大獲成功。

此外，在出版界還有許多的人，雖然並沒有直接參與此事，但在參觀者中我們發現，他們之間有許多人對此事給予了極高的評價，也提供了許多專業的建議。

紐約大都會博物館東亞部門主任波須—萊茲（S. C. Bosch-Reitz）先生；倫敦頂尖的東亞文物收藏家尤莫菲波洛斯（Eumorphopoulos）先生；國家顧問拉瑟爾（Luther）博士；史彭格勒（O. Spengler）博士；我們的探險先驅斯文・赫定（Sven Hedin）；英勇的中亞考古學家代表斯坦因爵士（Sir Aurel Stein）；柏林普魯士科學院的諸位同仁們，特別是路德斯（Herren H. Lders）、麥雅爾（Ed. Meyer）、穆勒（F. W. K. Mller）和法蘭基（O. Frankie）；哈雷大學的諸位教授，尤其是卡羅（Herren Karo）和韋伯（W. Weber），另外還有哥丁根（Gttingen）、漢堡、海德堡（Heidelberg）、土賓根（Tbingen）、法蘭克福、格來福斯瓦（Greifswald）、科尼斯堡（Knigsberg）、哈佛、耶魯、哥倫比亞、瑞典諸大學的教授們；布達佩斯科學院的同仁們；其他著名的專家學者，以及重要收藏機構的擁有人，例如倫敦的史皮爾（Spier）夫人、紐約和倫敦的山中（Yamanaka）先生、柏林的瓦爾區（Worch）先生等等。這些人都一致認為，這次展覽不管是在展出的文物上，還是在展覽會的組織安排和對文物的收藏保護上，都堪稱是一流傑作。

但是，坦白說，專家和同僚們的讚許只是展覽的成功給我的部分安慰，更重要的是普羅大眾自發的關注和熱心。他們並不是這一領域的專家，對這次展覽的內容也不具備專業的知識。我們有幸接觸了許多來自國內和國外的參觀者，當然還有道地的柏林人，向他們引介了與這些發現相關的最重要訊息，以及由這些文物延伸出來的新世界。隨著時間遷移，各界對這幾次遠征活動的細節產生了越來越濃厚的興趣，使我產生了一個想法：用通俗的語言寫一本書，將遠征活動中經歷的艱辛、喜樂與困難記錄下來。根據以前的工作安排，萊比錫的亨瑞克斯（J. C. Hinrichs）出版社出版了這本書，使我得以將它獻給我的讀者。這只是一本個人經歷的記錄本，並不帶有任何學術性，記錄著我們在那片被驕陽烤炙的大地的生活。對歐洲人來講，那片大地無疑是那般遙遠與荒涼，但我們心裡將永遠牢記那裡所發生的艱辛和成功，以及考察期間所認識的朋友們。這本書裡記載著當地東突厥人和漢人的生活，以及當地歷史和藝術的演進，但是最主要的目的是要告訴讀者，我們這幾次探險活動大致的過程和成果。

假如這本書的成功能進一步證明我所從事之事的價值，我希望以後能再寫一本書，記錄第四次探險活動的過程。這次考察是在一個非常不同的政治環境中進行的。

阿爾伯特・馮・勒・寇克

柏林達勒姆區（Daglem）

一九二六年秋天

目次

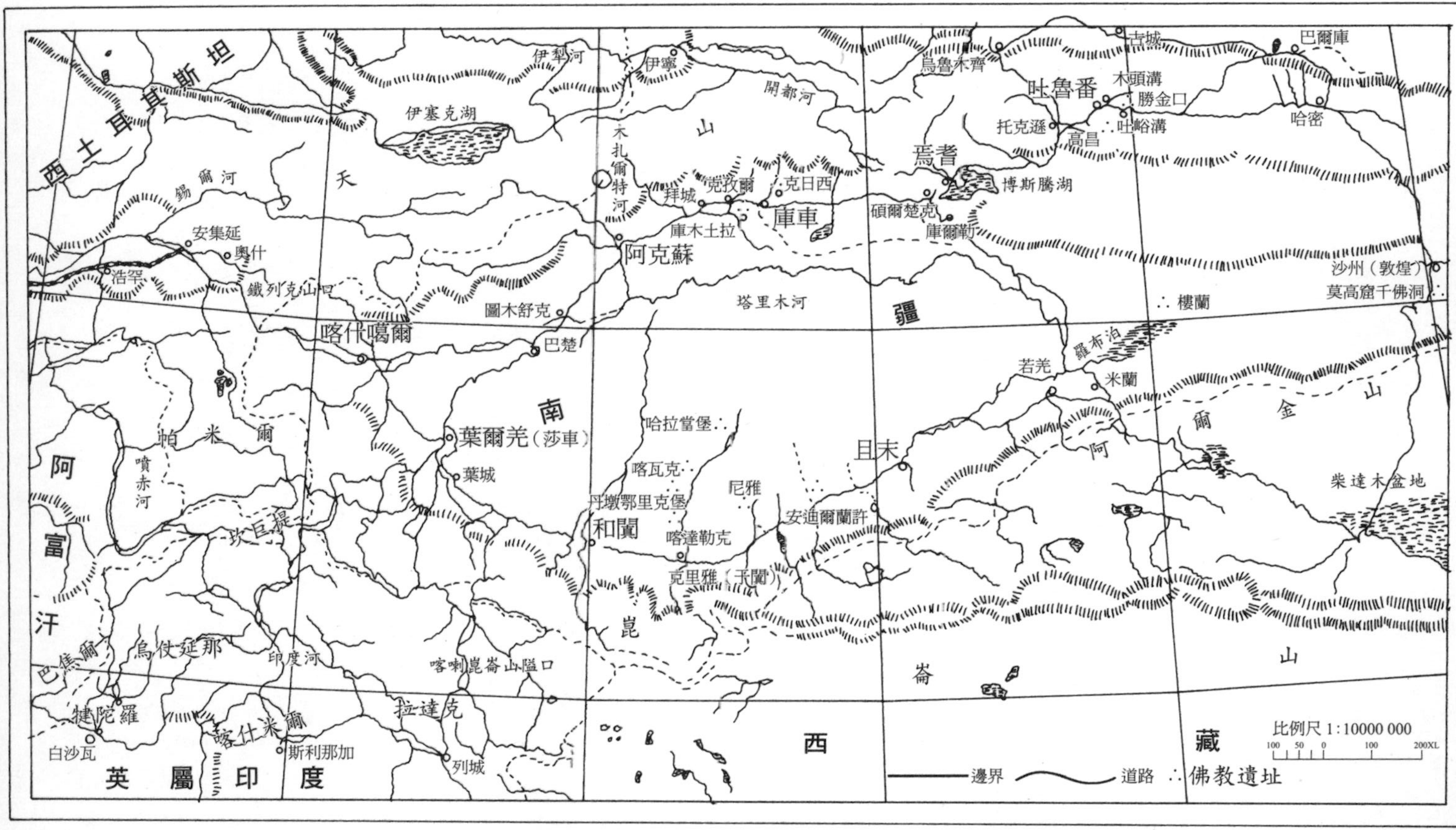

編注：此兩幅地圖為作者勒．寇克依當時地形自行繪製。由於沙漠地形多變，部分河流、湖泊位置已與目前不同。而吐魯番區佛教遺址圖中，由於年代久遠多數遺址名稱已不可考，編者將之保留，茲供讀者參考用。

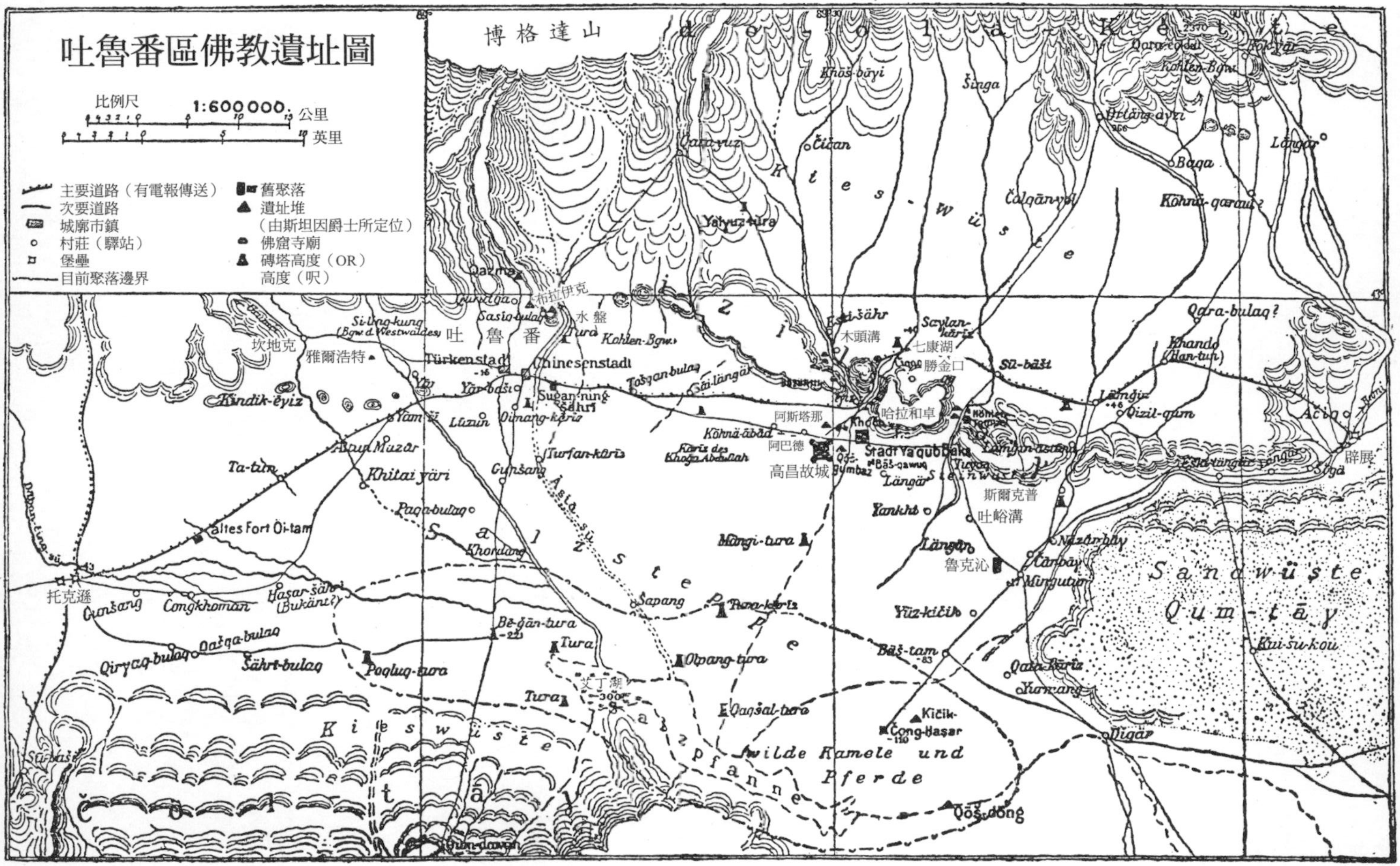
吐魯番區佛教遺址圖
比例尺
1:600000
公里
英里
主要道路（有電報傳送）
次要道路
城廓市鎮
村莊（驛站）
堡壘
目前聚落邊界
舊聚落
遺址堆
（由斯坦因爵士所定位）
佛窟寺廟
磚塔高度（OR）
高度（呎）
博格達山
吐魯番
托克遜
坎地克
雅爾浩特
水盤
布拉伊克
木頭溝
七康湖
勝金口
哈拉和卓
阿斯塔那
阿巴德
高昌故城
斯爾克普
吐峪溝
魯克沁
艾丁湖
辟展
Türkenstadt
Chinesenstadt
Kindik-eyiz
Ta-tim
Khitai yäri
Altes Fort Öi-tam
Gunšang
Congkhoman
Qiryaq-bulaq
Qaťqa-bulaq
Šähri-bulaq
Poqluq-tura
Bē-ğān-tura
Tura
Sapang
Olpang-tura
Qanšal-tura
Kičik-
Čong-Ḥaşar
Bäš-tam
Yüz-kičik
Mängi-tura
Yankhi
Längär
Čanbay
Mirgutur
Digär
Qöš-dong
Kui-šu-kou
Yuwang
Qara-bulaq?
Khando
Sü-bäši
Längär
Qizil-qum
Ačia
Sügä
Qaraqoja
Baqa
Kohnä-qaraul?
Čalqanyol
Šinga
Khoš-bäyi
Čičan
Yalyuz-tura
Saylan-käris
Qazma
Kahlen-Bgw.
Tošyan-bulaq
Turfan-käris
Kohnä-äbäd
Stadt Yaqub Beks
Nazarbay
Sandwüste
Qum-tāy
Kieswüste
Salzsteppe
wilde Kamele und Pferde
Sü-bäši

第一章　導論

歷史回顧

要探討希臘文化藝術進入巴克特利亞（Bactria）[1]和印度西北部的緣由，亞歷山大大帝的東征，無疑是一個重要的關鍵。因為戰後不少卸甲歸田的希臘和馬其頓傭兵，都娶了當地的女子為妻，並在此落地生根，而這種情形不但改變了當地的種族結構，也同時影響了這個地區的文化。在巴克特利亞的印度人[2]，歷經短期抵抗後，便向入侵者投降，於是這個地方便形成了一種多種族、但單一文化（希臘文化）的現象。只是希臘人的優勢也在西元前一三〇年便為入侵的安息人（Parthians）[3]和塞種人（Sacæ）[4]所打破。接著貴霜人（Kushans）繼塞種而至，並且建立了涵蓋印度河流域、東土耳其斯坦（即南疆）、西土耳其斯坦以及巴克特利亞部分地區的大帝國[5]。

在這些遊牧民族入侵之前，佛教業已由印度傳入喀布爾（Kabul）河的興都庫什山谷。這個地區在古代被稱作犍陀羅。根據古希臘史學家希羅多德（Herodotus）的記載，該區居民在波斯國王薛克西斯（Xerxes）大軍中被喚作犍陀羅人或阿帕利塔人（Aparytai）。

當佛教首次深入這些地區時，佛像的形態尚未確定，印度藝術家則既無能力、更無勇氣去嘗試生動地表現佛陀的形象。而犍陀羅的藝術家，由於他們的混合血統，於是以希臘神話中的太陽神阿波羅（Apollo）和酒神狄奧尼索斯（Dionysus）的形態來模塑佛陀的形象。也因此，透過犍陀羅藝術家們對所有形式的古典神話的運用，該區乃成為佛教藝術的萬神廟，並成為由印度到爪哇、由中亞到中、日、韓，這個幅員廣闊的地區內佛教藝術的基礎。

事實上，每當式微中的希臘文化接觸到非操希臘語的野蠻民族，一種新的藝術形態於焉誕生。在西方，它接觸了基督教，便造就了早期的基督教藝術；而在東方，它與佛教結合，乃形成最早的佛教藝術。在許多方面，這兩種藝術表現形式間的相似之處，往往令人驚訝。如果我們將代表佛教藝術的增添物，比方佛陀或印度神像除去後，我們將會發現，在犍陀羅經常可發現的浮雕群，與早期基督教石棺上的雕刻，幾乎是同出一轍。

而這種藝術，經由一世紀時盛極一時的佛教宏揚佛法運動，由兩路進入土耳其斯坦。較長但較為簡易的一條是穿越巴克特利亞，翻越帕米爾高原到喀什噶爾（今名喀什）、葉爾羌（又名莎車）與和闐（今名和田），另一條路則是經過喀什米爾，翻越喀喇崑崙山隘口到達同一目的地，後者應是較晚才開發出來的。若走第一條路線，這種藝術深受伊朗文化影響，若走第二條，則將被印度文化所影響。

在土耳其斯坦境內，佛教僧侶的聚落為數頗眾。有些修院具備防衛功能，通常由泥磚砌成，有的蓋在懸崖峭壁上，有的則在平原中；也有些大小不一的普通修院，是開鑿在崇山峻嶺間垂直山壁的岩層中。

屬於後者的這些建築，與其說是印度式的，毋寧說是伊朗式的。因為雖然這些石窟寺廟出現在印度的時間早於巴克特利亞（阿富汗東北部），但出土於南疆的石窟寺廟建築群，卻像極了它們在阿富汗的同類建築——例如位於巴米安（Bamian）的龐大石窟——而較不像在印度的同類建築。

這種石窟的名稱在波斯文與阿富汗文中的對應字，在語源上是一樣的。它在阿富汗被喚作「哈札爾薩姆」（hazār saum），這個古波斯語的意思是「千間房」，而通行於南疆的「明屋」（ming-öi）也是同樣的意思。不同的石窟依照相距最近的城鎮名稱而區分，所以會有像是克孜爾千佛洞、庫木土拉千佛洞及碩爾楚克千佛洞等等不一而足的名稱。

而佛教之光芒，便由這些石窟輻射至中國。中國受到此一西來宗教啟迪影響的情形，正如數世紀後日耳曼蠻族沐浴在從愛爾蘭修院中輻射出的基督教光輝一般。

佛教的宗教與藝術，便是這樣連袂來到南疆諸國，並沿著舉世聞名的「絲路」向東續進，北線沿天山、南線沿崑崙山，兩線在吐魯番的綠洲交匯，高昌故城（今名哈拉和卓）是最重要的樞紐。這一路上，希臘化文化在行經各地印歐民族時，也不斷受到感染與薰陶，因而不斷地修正更新。希臘化文化這種自西而東的萬里長征，是世界上四大文明遷徙之一，也是我們這次探險行動的主要成果。

但這次的文明播遷並非破天荒第一遭，事實上，早在史前時代，就有過一次從西方到遠東的文明遷徙。當時在南俄的歐洲民族——也就是中國所說的月氏[6]，稍後還會提到，就沿著今日尚能通車的路徑，循天山北路前行，將他們的斯基泰藝術（Scythian art）由本都（Pontus）帶到蒙古。

稍晚的亞利安（Aryan）民族大遷移，則是一場由中亞到歐洲的文明遷徙。在這場轟轟烈烈的文明遷徙中，匈奴人及其盟友——伊朗的阿蘭人（Alani），迫使哥特人（Goths）向西遠遁，稍後阿蘭人大軍更夥同日耳曼民族轉戰歐洲大陸，所向皆捷。隨著這些征討，他們必然將許多源自中亞及東薩珊尼（East Sassanian）[7]的文物帶到歐洲，於是這些文物便融入了歐洲日耳曼民族國家萌生的文明裡，其中大部分是武器、服飾以及和殯葬有關的物品。

而最後一次由東向西的大遷移，則由蒙古人所發起。他們在帝國國力鞏固後廣設驛站，將北京與歐洲各大城市史無前例地緊密連繫在一起，此舉空前絕後，直到西伯利亞鐵道通車後才有所改觀。無庸置疑地，雖然蒙古人及其鐵騎所到之處盡皆殘破，卻也將東方形形色色的物資帶到歐洲，而中國的影響力也首次滲入歐洲大陸。中國人發明的印刷術——即便是很原始的一種——於此時傳入歐洲，似乎已是不容爭辯的事實。而這些由蒙古人帶進歐洲的粗淺技術，日後卻成為荷蘭與德國改良印刷術的基石。

而每當一有強而有力的王朝君臨中國，這個王朝勢必會在位於商旅行經路上的國家駐軍，以保障絲路的暢行無阻，在這同時，中國也成為沿途諸多小國的宗主國。不過，儘管中國國力強大，我們卻無法在這些臣屬民族的建築、繪畫或雕刻中找到中國遺留的蛛絲馬跡。他們的藝術形式，反倒都是印度或伊朗晚期古典形式的展現。

因此，我們可以斷定，在五世紀前，中國不曾有過任何藝術形式曾經影響到南疆各民族的藝術表現。這些民族從古典藝品中找尋靈感。事實上，該地在當時被稱為東土耳其斯坦並不恰當，因為在當地殖民的居民是屬於印歐民族，而向西與南，在喀什噶爾一帶，則屬於伊朗血統的塞種。另外，從南界北上到羅布泊，則是印度人的生息處，他們由印度西北部向前邁進，翻山越嶺，並與當地西藏人通婚，或許正因為如此，他們的長相與東亞人頗為神似，中國史家即將他們與東亞人相提並論[8]。至於由北界向北延伸至庫車，也許還更向東延伸至哈密，則聚集了伊朗系的粟特人（Sogdians）[9]，他們的主要城市——撒馬爾罕（Samarkand）和布哈拉（Bokhara），是古粟特省中的名都大邑。

從庫車到吐魯番地區的統治階層，是一支特出的種族，即為操印歐語的吐火羅人（Tochari）。奇怪的是，他們的語言是屬於亞利安語中的歐洲語群。他們稱「一百」叫「kand」，就像拉丁語中的「centum」（同音同義）。

至於這支民族當初如何來到中亞，我們不得而知。不過，在天山北路草嫩水豐、遊牧民族得以任意居留之處，我們常可發現許多墓塚，其上豎立粗製石像。挖開這些墓塚，可以發現青銅器時代的器物，與在南俄草原和克里米亞（Crimea）出土的斯基泰文物相類似。此外，墳墓上的石像，也具有南俄石像的特徵。

這些墓塚明白顯示出，在耶穌誕生前某個歐洲部落（在我看來是月氏人）[10]，邁向中國的足跡。

根據中國文獻記載，大約在西元前三世紀，有支名為月氏（裝備有弓箭的馬上民族）[11]的民族，征服了中國的西北草原，並長驅直入，直探河套。但大約在西元前一七〇年，匈奴人在一次血戰中將之擊破，並將他們逐向西部。他們遠遁至伊犁河谷，擊敗當時仍逐水草而居的塞種，並將他們趕往西邊。但很快地，他們自己也得向西流竄，因為他們的宿敵不斷地從東面突襲騷擾。連鎖反應下，塞種來到了巴克特利亞，並在西元前一三五年將其據為己有，結束了希臘人在巴克特利亞的統治。

接著月氏人也來了，他們在征服了印度與西斯坦（Sistan）之後，在巴克特利亞與印度西北部建立了一個龐大帝國，國祚延續至五世紀[12]。塞種與月氏都皈依了佛教，在身為月氏裔的貴霜人中，佛教及其藝術十分受到尊崇與喜愛。

而在我們看來，前文提及的吐火羅人，正是殘留在土耳其斯坦的月氏後裔[13]。我們將壁畫上碧眼金髮的歐洲人像，與這些人聯想在一起，也將他們與廟裡發現的大量經文寫本上的歐洲文字聯想在一塊，而吐火羅語（Tocharish）這個詞本身即為一明證[14]。

大約在七六〇年左右，突厥人展開對諸綠洲國的攻勢。由於突厥族中的回鶻人

（Uighurs），在戰時與平時的諸多技能皆有過人之處，於是他們成功征服了南疆的東北部，並在靠近吐魯番的高昌，也就是絲路的樞紐，取得不可動搖的立足點。在這同時，他們也接受了當地佛教文化的洗禮。

然而，他們的國王依然篤信摩尼教（Manichæan），而他的一小部分子民已改宗為基督徒，且日後基督徒也增加到一龐大的數目。所以，我們必須視這些人，一如他們的祖先，為一個屬於西方文明的民族[15]。

他們的三大宗教——佛教、摩尼教與基督教，全都淵源於西方世界。他們的粟特字體也來自西方的閃語系統，他們用西方人的蘆管筆寫字，另外，就我們所知，他們的醫學知識同樣也來自西方。中國文化對他們文明的影響顯然是外在的，比如：他們用筷子吃飯、用硯台與毛筆寫字。至於他們的衣著雖然整體而言仍保留突厥人服裝的特色，但仍明顯可見受波斯文化影響。

在短期內——約莫兩百年內，他們就征服全境，並與境內原住民水乳交融，以至於在十世紀時，此地已經是名副其實的土耳其斯坦——亦即突厥之地，並且他們還更上層樓地將現有的文明發揚光大。

但在人種上，他們明顯屬於東亞人種——外貌上類似中國人——而他們也和中國人一樣，將所吸收的文化予以改頭換面。於是在他們手裡，諸神的古典五官都脫胎換骨成了東亞神祇的樣板臉蛋。

不過，在九世紀時，他們的帝國光輝就已經黯然無光，此時帝國的東境為當時強大的吉爾吉斯人（Kirghiz）所征服，只是他們在南疆仍能東山再起，直到成吉思汗（Jenghiz Khan）自大漠崛起為止。

成吉思汗崛起後，回鶻人也臣服於此蓋世雄主之下，並在蒙古統御下，以一個獨立王國的地位苟延殘喘了一陣子。

透過摩尼教徒，回鶻人熟悉了摩尼極著名的宗教畫藝術。這種藝術可上溯至薩珊尼王朝，它根源自古典藝術。而正如我們在回鶻人的宗教畫中經常可見的，回鶻人在他們的宗教畫裡，亦步亦趨地遵循他們波斯前輩所立下的規矩。

而蒙古人在推翻回鶻王朝後，也因襲了他們較為先進的西方文明，以及摩尼教派的畫風，並在征服中國後將其引進中國，使得這個畫派亦蒙受東亞影響。而後當蒙古人征服波斯，並以幾乎令人難以置信的方式殲滅當地居民時，他們又將這種已被回鶻人和蒙古人改良過的波斯藝術帶回南疆，並在稍後成為波斯和印度回教細微畫派的靈感泉源。

在回教的影響方面，十世紀前，回教的勢力不出喀什噶爾，而南疆居民對回教也是興趣缺缺。在和闐與庫車，佛教徒曾與來犯的阿拉伯人、波斯人一決死戰，是以在蒙古統治後期的東部城市中，例如吐魯番，佛寺仍然可與清真寺並肩矗立。不過，回教的滲入對該地文明還是產生了重要的影響，特別是在藝術上。

更有甚者，隨著中國到波斯的海路發現，陸上貿易因而一落千丈，絲路的重要性也銳減。同時，境內也因蒙古人的征伐而造成人口銳減、文明凋蔽。由於成吉思汗為了補充大軍的軍力，突厥人中凡能持干戈者，盡被徵召入其麾下服役，使得留下的老弱再也無法維持灌溉所需的勞動力；尤其在此乾旱不毛之地，農業又得完全仰賴灌溉，使得情況更為嚴重。所以他們只好退縮至最不需費力的地區耕作，昔日良田則被棄置，任其荒蕪。除此之外，移動的沙丘也將膏腴沃壤化為沙場，同時河流逐漸乾涸，更是雪上加霜。上面所述的現象，在南疆南緣顯得格外嚴重。

到了十世紀，回教徒入侵，南疆文明更是漸漸衰頹，這時期它受成吉思汗之子察合台（Jagatai）的統治，並一直臣服在這日漸腐敗的王朝下；直至十六世紀中葉，當先知家族

——穆罕默德的子孫——自撒馬爾罕遷入，並在南疆取得財富及地位後，這種情勢才有所改觀。

頂著和卓（Khojas）[16]的頭銜，他們逐漸成為此地的統治者，但很快就分裂為兩個派系，相互傾軋、捨命惡鬥，最後，其中一個主要派系在準噶爾盆地的卡爾梅克人（Kalmuck）[17]協助下，奪下喀什噶爾及政權，成為不信教的卡爾梅克的屬國。

但接著，卡爾梅克人與中國開啟戰端，幾乎全軍覆沒。中國人則血腥鎮壓南疆地區[18]。和卓亡命西界，並藏身在浩罕（Khokand），繼而試圖擺脫中國獨立，但他們的努力與成果終歸只是曇花一現。

不幸的是，德國博物學家史拉京維特（Adolf von Schlagintweit）[19]在倭里汗（Wali Khan Tura）[20]叛變時來到喀什噶爾，並在一片腥風血雨中被下令處死。

接著，東干回（Tungans）叛變，動亂頻仍，由於中國人屢屢戰敗，布素魯克和卓（Khoja Buzurg）[21]終於在一八六四年離開浩罕前往喀什噶爾。雖然他的從眾不到五十人，其中卻出了一名豪傑阿古柏（Yakub Beg），他在往後與俄國人的對抗中，證明了自己的實力。

阿古柏年輕時為生活所迫，以跳舞、耍猴戲，賣藝求生，但由於他的勇氣、精力與謀略，他終於征服了南疆，驅逐和卓及其羽翼，成為獨霸南疆的雄主。他在飽受戰火蹂躪的土地上，恢復了一定程度的秩序，但最終仍無法有效抵擋清朝的軍事優勢。一八七七年，清軍在萬全準備下，攻擊阿古柏的疲敝之兵，並將其一舉殲滅。阿古柏暴斃，黨羽潰散，南疆重歸中國統治。

關於此行的二三言

我們將以幾句乏味的話當作開場白。

「柏林民族學博物館」（Berlin Ethnological Museum）曾先後派出四組探險隊前往中亞。第一批在格倫威德爾（Albert Grünwedel）教授與胡特博士（Dr. George Huth）帶領下，前往吐魯番。他們的活動範圍在吐魯番綠洲，從一九〇二年十一月工作到一九〇三年三月，其中來回旅途就占掉了此行的大半時日。成果是四十六箱文物，每箱重三十七又二分之一公斤（八十二又四分之三磅）。

我則負責第二梯次探險，時間是一九〇四年九月至一九〇五年十二月。探索的範圍在吐魯番綠洲和哈密一帶。成果是一〇三箱文物，分別重一百到一六〇公斤（二二〇又二分之一磅到三三一磅）。

第三梯次是第二梯次的夥伴，加上從喀什噶爾加入的格倫威德爾及其夥伴波特（Referendar, H. Pohrt）。此行從一九〇五年十二月延續至一九〇七年六月。其間在一九〇六年六月底，我不得不丟下格倫威德爾，讓他留在焉耆，我則假道印度返國，並在一九〇七年一月抵達柏林；而格倫威德爾則在同年六月返國。我們的探索工作，在庫車、焉耆、吐魯番和哈密進行。文物的箱數增加到一二八箱，每箱重七十到八十公斤不等（一五四又二分之一磅到一七六又二分之一磅）。

第四梯次遠征從一九一三年一月至一九一四年二月底，也是由我帶隊。成果是一五六箱文物，各重七十到八十公斤不等。

我們優秀的工程師——狄奧多．巴圖斯（Theodor Bartus）先生，也參與了第四次遠征。和前三次一樣，第四梯次遠征也是考察庫車和巴楚的綠洲。

以下我將這幾次遠征的結果，與英、法、俄、日所曾派出的遠征隊，做一比較。

俄國人部分，有位德俄混血兒雷格爾博士（Dr. A. Regel），曾於一八七八年到過吐魯番，他是自鄂本篤（Benedict Goës，一六〇四年）[22]之後第一位踏入此境的歐洲人。雷格爾是一名植物學家，他帶回了不少吐魯番附近高昌古城的資料，也是此城首度問世的資料，他認為該地是一個晚期的羅馬屯墾區。而在他之後則有瑞典人斯文・赫定（Sven Hedin），他高人一等的勇氣與成就，成為了所有後輩的開路先鋒。

一八九八年，俄國人派遣了克萊蒙（D. Klements）前往吐魯番，他的成果並不好，但他也指出這裡——也就是古絲路輻輳點，較之西邊的綠洲，比較不受盜墓者的破壞。西邊的綠洲，早在察合台（Jagatai）汗國，也就是十六世紀時，就有一位王公動手大規模開墓探掘古物，還大有斬獲。我們從丹尼生・羅斯（Denison Ross）的著作《拉什德史集》（*Tarikh-i-Rashidi*）中得知此情後，便決定捨西南，轉向鮮為人知的東北前進。此外，兩名俄國裔的格蘭—格茲邁羅（Grum-Gržimailo）兄弟，也同樣探查過此區，並出書發表他們的成果。

法國人葛拿（Grenard）和萊因斯（Dutreuil de Rhins），也在新疆從事大規模探險，最後卻因萊因斯遇害而草草結束。

而在諸次探險中，最成功者首推在英屬印度政府贊助下，英國探險家斯坦因爵士（Sir Marc Aurel Stein）的探險了。斯坦因同時也是卓然有成的地理學家暨語源學家，他主持了幾次探險工作，特別是在新疆的南部和東部。他成功地在敦煌發現了蒙元時期被藏於壁中藏經閣裡的文學藝術瑰寶。

一九〇六年至一九〇九年，法國人伯希和（Paul Pelliot）率領的探險隊也大有斬獲，他也同樣幸運地從同一藏經閣中發現大批手稿與圖卷。

俄國人白遼佐維斯基（Berezowsky）的探險隊，則和我們的第三次探險時間重疊，他們的工作地點也在庫車綠洲。稍後，俄國參事奧登博格（Sergius von Oldenburg）也展開他偉大的旅程，他的成果見諸於他所出版的大作中，其中特別是有關焉耆與吐魯番綠洲兩地的考古，有其獨到之處。

而日本人方面，大谷光瑞和橘瑞超這兩位佛教僧侶[23]，也將大量文學藝術瑰寶帶回日本。此外，吉川小一郎也在此區工作了好一陣子，頗有收穫。

整體而言，這幾次探索的成果彼此交相輝映，令人滿意。然而，我們也知道，其中柏林的收藏，最適於研究佛教藝術從中亞傳入中國的來龍去脈。我想這要歸功於我們團裡，有人知道如何將壁畫鋸下、裝箱運抵柏林而又毫髮無傷。

是以，自雷亞德爵士（Sir Austen Henry Layard）[24]探索尼尼微（Nineveh）遺蹟以降，沒有一次探險的成果，其重要性足以和我們此次的中亞之行相提並論。因為在這裡，我們有新的發現。我們發現在八世紀中葉之前，所謂的土耳其斯坦並非突厥人之地。當時在絲路沿線，到處是印歐語系的民族，以及伊朗人、印度人，甚至歐洲人。他們的語言──有些只存其名，有些則連名字都沒有，都可在寫本上發現。這些寫本被送到柏林解讀、翻譯，並加以科學化研究。它們的數量極多，在二十四種寫本中，就出現了十七種不同的語言。

其中許多梵文經文的寫本，則讓我們對佛教有了全新的認識。我們也發現大量以敘利亞文寫成的敘利亞景教（Nestorian-Syrian）[25]祈禱書，以及許多以粟特文寫成，有關景教的手稿。

而也由於我們探索吐魯番綠洲久旱不雨區域的成果，使得完全湮滅無聞的大量摩尼教文獻，得以重見天日。這些文獻書法工整、紙張考究，通常以各色墨水書寫，字跡美觀，其中包含了有關摩尼教的重要訊息。我們也發現，這些教派書籍中有幾頁點綴了美不勝收的細微畫。當然，這都要歸功於穆勒教授（F. W. K. Müller），他成功解讀了這些書寫字體及其意義。這些文獻所使用的語言，是中古波斯文和其他伊朗方言——特別是粟特方言。稍晚，這些文獻被譯成突厥文，並以晚期粟特字體書寫——在更早的時代，粟特人便使用這種字體來書寫古文獻。

摩尼教文獻的發現，是考古學上一大盛事。摩尼教早期曾在北非、南歐、西亞地區廣為流傳，但由於基督徒與回教徒的仇視迫害，使得摩尼教文獻蕩然無存。

尤其重要的是，我們明白該區域的印歐民族千里迢迢帶給東亞的，除了佛教信仰，還有佛教藝術。而這來自巴克特利亞和印度西北部的藝術，其根源卻是晚期古典希臘藝術。是以我們的考古成果足以證明，遠東著名的佛教藝術，實則和西方國家的藝術一樣，皆植基於希臘藝術。

繪畫的諸多風格

格倫威德爾曾下功夫，將在庫車綠洲發現的繪畫依風格分門別類。他將這些繪畫分為：在庫車的石窟——如克孜爾、庫木土拉和克日西的千佛洞所發現的繪畫；在庫爾勒至焉耆至碩爾楚克綠洲發現的繪畫；以及在吐魯番至高昌、吐峪溝、勝金口、柏孜克里克和七康湖發現的繪畫。

但這樣的分類只能算是區域性的，關於這些繪畫的源頭，我們所知仍然有限。格倫威德爾認為，外來民族遷入南疆，必然造成畫風改變。但實際上，畫風的改變也可能另有原因。

例如，在不同（或相同）時期，如果有分別從印度和伊朗佛教區來的僧侶借住在南疆的修院裡，這些外地人很可能隨身帶來家鄉的繪畫，並繼續使用這種畫風來描繪武器、服飾等。要左右或取代當地的土著文化，不必然一定要外來民族遷入或取代當地土著。

有識於此，所有的風格批評研究必須謹慎為之，特別是如果我們僅據作品風格便斷定作品年代，而不考量其他因素的時候。例如，我們知道壁畫是以模板來製作，而一塊舊模板是可能在一段時期之後仍被重複使用。

是以確認或修正格倫威德爾分類表的工作，必須等到我們對其他的條件、境況有更多專門學問後，才能著手進行。以下，我就用格倫威德爾自己的話，將他的分類表一字不改地抄錄於此。

I犍陀羅風格——此一名詞涵蓋了這一風格中的數種變體，但它們都明白顯現早期古典藝術的特色，這點我們可證諸於犍陀羅雕塑。在某些石窟壁畫中，古典元素一枝獨秀，其變體則揉合了濃厚的波斯與印度的影響；因此，有些石窟壁畫與犍陀羅雕塑雷同，有些則與作為原形的古典繪畫神似。除非我們大錯特錯，不然就得以發源地來解釋這些變體，追蹤它們如何從發源地傳播至庫車及其周遭。

II「倚長劍騎士」風格——這種風格應可算是前一風格的延伸，我們也可以將其中供養人（Benefactor）的畫像歸作第一型。這些畫像上的諸多細節，恰與「印度—斯基泰」（Indo-Scythian）[26]銅幣上的藝術表現形式吻合，這也適足以證明風格一和風格二可歸併為「印度—斯基泰」風格（又稱吐火羅風格）。但風格二還有些變體，可以歸因於不同時期與不同風尚習俗的影響，因為風格二的畫大多是服飾畫。

III早期突厥風格——特色是兼容並蓄，因它涵括了風格一潛藏的痕跡，及更多風格二的特色，而且經常在所呈現出來的主題性質影響之下，變得很明顯。此外，中國畫的特色也昭然可見。但在某些石窟壁畫的畫緣以及天花板裝飾花紋中的花，是在中原找不到的。

供養人畫像裡的服飾則與前期截然不同，而落款的字則以中文或中亞的婆羅迷文（Brāhmī）[27]書寫。

IV晚期突厥風格——這是真正的回鶻風，可以吐魯番一帶的繪畫作為代表，而在靠近木頭溝附近的柏孜克里克石窟壁畫群，可視為是前三種風格的混合。

V明顯傾向藏傳佛教風格。

一九二四年狄崔屈．萊默出版社於柏林出版的《後古典時期的佛教藝術》（*Buddhistische Spätantike*）一書中，我就此議題有更詳盡的論述。

摩尼及其教義

由於我們在高昌的挖掘工作，摩尼教的遺跡才得以重見天日。事實上，在我們挖掘前，摩尼教可說是無跡可循、完全滅絕了，而由於它再度引起一番考古熱，是以我必須在這裡將摩尼的生平行誼和教誨，就我所知先簡短交代。

摩尼於二一五或二一六年左右，誕生於當時隸屬波斯人管轄的巴比倫省泰西封

（Ctesiphon）附近。他的父親是一個世居哈馬丹（Hamadan）的波斯望族後裔，母親則是具有皇族血統的安息人——也就是波斯人的子孫。摩尼生在波斯，父母均是波斯人，算是個道地的波斯人。

他的父親性喜神祕學，尤好當時盛行於南巴比倫（South Babylonia）的教派，並將他兒子也引進這個教派。據說摩尼的母親因見異象而懷孕，所以摩尼似乎也早就注定要當先知。

他自幼就聰慧過人，彰顯出能通靈的本事。來自「光明天堂之王」（The King of the Paradise of Light）的超自然感應與他心有靈犀一點通，是以在某種程度上，不到十二歲的他已經對他未來要宣揚的教義了然於心。二十四歲時，天使向他顯現，命令他傳教。因此，他在二四七年三月二十四日，薩珊尼王朝國王沙普爾一世（Shapur I）加冕登基當日，開始在泰西封宣教。雖然一開始似乎成效不彰，不過他依然勞苦不辭地四處旅行，一邊讀書，一邊傳教，行蹤遍及土耳其斯坦、印度、伊朗東部。據說他每到一處，總會在那裡留下一名傳承薪火的信徒。

等到四十年後歸國時，他已遠近馳名，於是他大膽邀請沙普爾之弟——裴洛斯

（Peroz）親王前來聽道。結果深得裴洛斯之心，於是乎國王也駕臨聽道。這使得摩尼獲得國王恩准，讓他的信徒在波斯傳道。

但是瑣羅亞斯德（Zoroastrian）祭司團體（即中國史稱祆教），卻對民眾這種狂熱著迷於「異端」的行為憤憤不平，於是他們便在國王面前進讒言。摩尼雖然藏匿行蹤，還是在沙普爾繼任者之子瓦赫蘭一世（Bahram ben Hurmuz，約二七四年—二七七年）在位時遭逮捕入獄，並且在與祭司辯論失敗後，被釘死在十字架，死後屍身被砍成兩段，並剝下他的皮，裡面充填稻草，懸掛在京都甘第沙普（Djundisabur）城門外示眾。根據寫本上的記載，他死的那年應該是二七三年[28]。

摩尼熱愛文學藝術，本身也是大名鼎鼎的畫家。即使是他的敵人——信奉回教的阿拉伯人與波斯人，在他死後也視他為偉大的藝術家，而非敵對教派的創始人。他的智慧也廣受好評。

至於摩尼用來記載教義的手稿，則是用一種敘利亞字體的變體寫成。此種字體的筆畫簡單、清楚又秀麗，有些批評家認為這是摩尼所獨創，但也有人堅稱這是通行於古巴比倫某一小地區敘利亞字體的變體。他的書總是以極佳的墨水寫在品質精良的白紙上，通常點綴有令人目不暇給的迷你裝飾畫，而正是這一點激怒了基督徒和回教徒。

此外，據說他也曾以壁畫妝點寺院。

摩尼的宗教，一如其人，是純粹的波斯性格。它是基督教與佛教（在土耳其斯坦一地）理念的奇異組合，裡子則是摩尼篤信不疑的波斯二元論。此外，他也雜糅了些許古老的巴比倫信仰與諾斯替派（Gnostic）[29]的學說。

雖然摩尼教是種自成體系、獨樹一格的宗教，但藉由強調教義中的基督教或佛教傾向，摩尼教徒們要廁身於基督教徒與佛教徒中倒也不難，因此，摩尼教很容意使人以為它是這些宗教裡的一個支派。

摩尼教的基本教義由光明（善）和黑暗（惡）之間的抗拮所構成。在這場對抗中，光明會受挫於黑暗勢力，而黑暗試圖藉此取代光明。黑暗勢力含藏於所有物質（肉體）之中；為了拯救被黑暗所僭取的光，光明之神將發動一場新的鬥爭，並將黑暗勢力擊潰。正是這個為黑暗勢力所包圍的光，創造了天堂、我們這個世界，以及人類的（男性與女性）始祖。

但黑暗勢力為了避免光明分子從物質（肉體）中解放出來，於是它喚起人類的慾望，在每一次的生育中存在於人類之中的光元素一再稀釋，導致最後存在人體內的光所剩無幾，再也無法從跟它混同的形體分離出來。

摩尼教的教義嚴格。對於想得道的信徒而言，一切的交媾茹葷飲酒與沾有紅塵俗世之物都在禁止之列；因為所有的這一切，只會讓人沉溺於所源出的魔界，不可自拔。

所以，只有少數人能遵守摩尼教所有的清規戒律。狂熱的信徒則宣誓持戒修行，對教義終身奉行不渝，並視四處遊走傳道為他們應盡的義務。他們靠其他摩尼教徒施捨的麵包水果度日，而玄之又玄的是，這些食物中的微量光明分子，乃透過這些「選民」（electi，即perfecti，至善者）才脫離物質世界，回歸光明之域。

至於不那麼嚴格的摩尼教徒，則占了大多數。在某種程度而言，他們乃是這些得道聖徒的俗世弟兄。他們嫁娶、貿易、耕地，擁有俗世中五花八門的物質。不過，這個稱作「聞道者」（auditori）的階級，也需踐履包含在「十誡」與戒律中嚴苛的教規。「十誡」指的是禁止拜偶像、撒謊、貪婪、殺人、姦淫、偷竊、誣告、思慮不精純、行善不積極。此外，一天尚需禱告四到七次。

除了「十戒」之外，想要修得正果的信徒，還需恪遵另外七條戒律，外加「三禁」。

全盤接受並踐履這些清規戒律，是躋身「選民」的不二法門。

「七戒」則為下列七項：(1)貪與色(2)一切葷腥(3)飲酒(4)婚姻(5)凡與水火相關的職業(6)巫術(7)虛偽。

「三禁」則為口禁、手禁、意禁。口禁防惡言惡語和不潔淨的食物。手禁即不准從事與水火相關的職業，以及一切可能戕害動植物界中光明分子存在的行為，也禁暴行、不義之行，以及所有會助長黑暗牽絆光明的行為。

意禁則禁一切淫念，特別是魚水之歡的念頭，以及虛偽與邪惡的意念。

摩尼教的道德標準，顯而易見並不低。

森嚴的階級組織，維繫著此宗教團體的完整。教團內有「聞道者」，其上則是「選民」或「至善者」，接著往上有三級，分別是「長老」（Presbyteri）、「教監」（Episcopi），以及最高的「上師」（Magistri）。

教團的領袖，拉丁文頭銜稱作「Princeps」，必須駐錫於巴別（Babel）城內。但在法難時期，總教主也曾顛沛流離尋求庇護，而在撒馬爾罕長期避難。

遭受迫害，在摩尼教史中可說是史不絕書。在西方，摩尼教與基督教勢同水火；而在北非、南歐和西亞，摩尼教贏得了比任何其他敵對宗教更多的信徒。這種情況使得基督教徒起而迫害之，並斬草除根，因此摩尼教文獻蕩然無存，無一倖免。稍後摩尼教混入保羅派（Paulicians）、鮑格米勒派（Bogomils）、卡加利派（Cathari）和阿爾比派（Albigenses）[30]中，方得以苟延殘喘了好一陣子。至於阿爾比派在繁榮的普羅旺斯（Provence）如何被血腥殲滅，大家已耳熟能詳，毋需贅敘。

是以當土耳其人入侵巴爾幹半島時，無怪乎這些遭基督教會迫害的人們，會將之視為救星而歡迎愛戴，這種情形在今天的波士尼亞（Bosnia），依然如是。

在弗略哥（Flügel）精妙譯自阿拉伯文學作品《安那丁的群書論述》（*Fihrist of An-Nadim*）的《摩尼》（*Mani*）一書中，便道出了當年輾轉流離的東摩尼教徒的情形：「播遷他國並尋找其領袖的消息，構成了支離破碎的摩尼教徒史」。

摩尼教徒同時也是除了佛教外，率先渡過阿姆（Oxus）河到對岸城鎮的人。因為在瓦赫蘭一世命人將摩尼釘上十字架後，便明令禁止國人入教，並且布下天羅地網開始捕殺教徒[31]。於是，摩尼教徒只好渡過阿姆河，逃向「可汗」的王國並在此落腳定居。「可汗」在當地的土話，指的即是突厥人的王。摩尼教徒就這樣一直定居在阿姆河流域河間地帶

（他們就此停留在當地），直到波斯王朝冰消瓦解，阿拉伯人於六四二年後繼起稱雄才改觀。稍後，他們在巴尼伍邁葉（Bani Umayya）稱王統治的時期（六六一—七六〇年）回歸伊拉克。這是因為伊拉克的統治者查利班・阿不達拉・阿卡斯里（Châlid ben ʽAbdallah al-Kasrî，七二四—七三八年）願意保護他們，但條件是他們的教主不能出巴比倫城。不過，稍後教主為求平安，仍是過著四處漂泊的流亡生涯。他們的第二次大遷移是在阿拔斯哈里發（Abbassid-Caliph）十八世莫可塔（Mokhtar）在位期間（九〇八—九三二年），這次他們又逃命到呼羅珊（Khorasan）[32]，而落隊的人則在流亡途中隱藏自己的宗教信仰。這次的遷移大約有五百人聚居於撒馬爾罕。呼羅珊的統治者，即薩曼王朝的阿布爾・哈珊・那斯（Sanmanid Abû'l Hasan Nasr，九一三—九四二年）獲悉他們的信仰，一心一意要除掉他們。還好這時中國（即南疆）的統治者差遣來一名信使——我認為他是九姓回鶻（Tagazgaz, toyuz oyur）的某王公——帶來口信，對呼羅珊統治者說：「在我國境內的回教徒人數，是在貴國境內信奉敝人宗教人數的三倍」，然後他還威脅，如果呼羅珊統治者敢殺害他們其中任何一人，他將把國境內所有的回教徒趕盡殺絕，並拆毀清真寺，私藏回教徒者也格殺毋論。於是呼羅珊統治者只得罷手，改以課徵人頭稅。事實上，在回教國度裡，摩尼教徒少之又少（弗略哥著《摩尼》，一〇五頁）。但在七八五至八〇九年之間，阿拔斯哈里發阿爾哈迪（Al-Hādī）和阿爾馬赫迪（Al-Mahdi）還是展開了另一波捕殺摩尼教徒的行動。

在呼羅珊地區、巴里黑（Balkh）附近的吐火羅斯坦（Tocharistan），長久以來一直是摩尼教的堡壘。早在八世紀，摩尼教的大使便從這裡出發，順利進入南疆謁見回鶻國王，並讓大權在握的國王皈依摩尼教。

正如前文所示，回鶻人在十世紀不可一世，所以能出面為摩尼教徒請命，讓薩曼王朝好戰的國王不敢輕舉妄動。

也多虧了統治這塊如埃及般乾燥不毛之地的君王們皈依了摩尼教，我們此行才能在這片土地上，尋獲許多摩尼教的經典文獻。

今日的斯土與斯民

南疆這片大地位於北緯三十六度到四十三度、東經七十三度到九十二度之間，北部及西北部緊鄰西伯利亞，東北接準噶爾盆地，西臨俄羅斯費爾干納（Ferghana）、阿富汗，南臨喀什米爾、拉達克（Ladakh）和西藏，東邊與中國接壤[33]。

它狀似一巨碗，碗底遍布充滿流沙的大漠，由於缺水，許多地方都無法橫越，是一個讓旅人望而生畏的地方。

在沙漠周圍，崇山峻嶺環繞，北有天山屏障，西為帕米爾高原，西南為喀喇崑崙山，南方則為崑崙山。最低的隘口——也就由西邊進入此地的鐵列克山口，也和瑞士白朗峰（海拔四八〇七公尺）一般高。

唯一一條較為簡易的入境路徑則在東側，經由開都河（又稱裕勒都斯河）谷地進入焉耆，從古至今的遊牧民族，在這條路徑上可說是絡繹不絕。可是，雖說南疆東側無高山阻絕，但滴水盡無的戈壁沙漠對旅人來說，和高山峻嶺一樣令人聞之喪膽。尤其恐怖的是駭人的沙暴，當地人稱作「布蘭」（buran），在中國古書中也有記載。一旦沙暴颳起，僅在須臾間，天色昏暗，太陽變成一顆暗紅色的火球，只能透過鋪天蓋地的沙幕，隱約看見。低沉的咆哮後緊接著一聲聲尖銳刺耳的呼嘯，片刻間，沙暴便會以排山倒海之勢直撲駱駝商隊。大量的砂子連同礫石騰空而起，在半空中翻騰滾動，然後一如暴雨般直打人畜。由大石塊在空中盤旋相互撞擊引起的詭異聲響，混合著狂風的怒吼與呼號，猶如群鬼傾巢而出。中國人的記載說：曾有人因被神鷹迷了心竅，誤闖入沙漠中，最後慘死在荒無人煙的沙漠裡。

所以一旦在沙漠中遇上沙暴，旅人便得不畏燠熱地把身體裹在毛氈裡，以避免被狂奔亂撞的石塊打傷。人馬都得臥倒，靜待暴風平息，而這通常都要等上數小時之久。抓不緊轡繩的騎士也有大麻煩，因為他的坐騎在沙暴中同樣會被嚇得失去理智，而在沙漠中漫無目的地奔竄，最後筋疲力竭而死。一九〇五年，就有一隊從北京載運銀磚到吐魯番的車隊，在哈密到吐魯番間遇上沙暴。結果兩輪載重車被暴風掀翻，同行的六十名清朝騎兵則被狂奔的馬匹帶到大漠深處，有些人馬慘遭沙石掩埋，屍骨遍尋不至，有些人馬則到屍身風乾後才被發現。

在沙漠邊緣，地勢隆起，遍地布滿肥沃的黃土。塔里木河及其支流蜿蜒流過這片黃土區，注入無數的灌溉溝渠中，成為這塊東土耳其斯坦的生命線。勤奮聰明的農夫，不需專家費神指導，就能建造出灌溉溝渠，讓這一片原本無生機的荒原，像變魔術似地幻化成綠意盎然的花園。這裡有沙棗樹，每到春天，散放七里飄香的淡黃色繖狀花序開滿了大地，夜裡尤其芳香；這裡也有果實纍纍的園子，其中結有李子、杏子、桃子、桑椹和石榴；有些地區還有胡桃和多汁的梨子。阡陌縱橫的良田帶來好得出奇的大豐收，農作物有小米、玉蜀黍、稻米、小麥、洋蔥、棉花，有時還有馬鈴薯、蕪菁以及各種大蒜和洋蔥。

在適宜栽種葡萄的地區，農夫廣植葡萄樹，結出品類繁多、果實又甜又大的葡萄。冬天雖然不長，卻相當酷寒，葡萄樹因此種在溝壑裡，並在冬季來臨時被壓低，上頭覆蓋泥土，以等待大地回春之日。

但主要的水果則是瓜類。這裡的瓜類品種繁多，全都甘甜可口。瓜類不需要大量勞力，就可以輕易大量栽種，因而成為當地居民主食中不可或缺的一項。西瓜雖較不受人重視，但無論是紅肉還是黃肉，都有栽培。

柳樹、白楊和桑樹是這裡最常見的樹木，此外還有榆樹，只是較不常見。榆樹叢的枝葉繁茂，可為飽受驕陽毒害之苦的旅人提供可以休憩的綠蔭。不過，它們婀娜多姿的支幹，其實是接枝改良的成果。

村落與城鎮都位於這些令人讚嘆的綠洲花園裡，但村民的房舍泰半因陋就簡。有錢人家的波斯式建築宅邸裡則設置有不錯的壁爐，通常牆壁上還掛有畫作。

但所有的綠洲間都有沙漠阻隔。沙漠的形態不僅是荒無人煙與危機四伏的萬里平沙，也不只是貧瘠不毛的曠地；事實上，它另外還有其他三種形態：

第一種形態是遍布在一望無際土地上的檉柳樹叢。檉柳樹的葉子看上去像是長了羽毛的蕨類，被覆在平坦或隆起的地表。但當飛沙走石來襲，沙石和落在樹枝上的黃土會形成圓錐狀的小丘；檉柳則從沙丘頂端絕望地伸出最頂上的一根樹枝，企圖抓住一線生機。在許多地區，像這樣的沙丘連綿不絕，由於視線遭沙丘阻絕，要橫越這種沙丘沙漠非常不易。

第二種形態的沙漠是白楊林，由一種細樹幹的幼發拉底白楊木（Poplar Euphratica）所組成。這種白楊木是一種在不同的樹枝上有著不同形狀葉子的怪樹。這些林地通常傍河而生，但有時候，在這樣的林子裡走上半天也見不到一棵活樹，因為一旦河流改道遷移，所有沿河的植被便都會死盡。

第三種形態則是礫漠，在山脈較低的突出部位，一大片一大片地展開。在某些地方，像是托克遜和焉耆之間的山路上，便有這麼一大片礫漠（見圖2）。在礫漠裡，漂石、岩塊、沙礫與巨石會使在大漠行走的旅人，步履維艱；馬匹也因此很容易就扭傷球節與馬蹄。當地居民深信，沙中的鹽分會引起牲畜腫痛與其他不適，讓牠們無用武之地。此外，沙漠中許多地方的海市蜃樓，更容易讓旅人誤入歧途。當地人把海市蜃樓喚作「阿孜夸」（ezitqu，意即「誤導者」），其幻象幾可亂真，許多沒有經驗的旅人很容易就跟上前去。通常海市蜃樓幻象中都有一片水域，岸邊點綴零星的樹叢。

山的支脈部分通常是一片杳無人跡的荒原。岩層被頻繁的地震震裂，破碎的石塊彼此相疊，形成千奇百怪的形狀。走在上面放眼望去，沒有樹、沒有灌木叢、沒有一滴水，許多地方甚至連一絲生命跡象都沒有！

在南疆最常見的鳥類是鵲、烏鴉和數種百舌鳥[34]，還有蒼鷹、獵鷹、鵟隼、鷂，另外，老鷹也常出現。在許多地方，像是在喀什噶爾和阿克蘇兩地間的白楊林子裡，麻雀叫得好不熱鬧。在巴楚則常見雉雞。而大草原上有大量羽毛光鮮亮麗的松雞，雷鳥則常在山腳下徘徊逗留，山邊也經常可看到大松雞。據說還有鴇，只是這種鳥生性害羞，我們從未親眼目睹過。

這片平原上最具代表性的動物該算羚羊，牠是一種小而姿態優美的動物，頭上頂著一對像豎琴的角，牠們成群結隊奔馳於南疆各地。此外，也常可看見山貓、體型較小的野貓、狐狸以及貂。不過，我們倒沒有看見過野兔，只看見了尋常的家兔。

而在靠近巴楚、石河子、綏來（又稱瑪納斯）以及羅布泊一帶，由於有連綿不斷的蘆葦叢，是雉雞與老虎的藏身處。在這些地區裡，地面常常出現像被犛頭耙梳過的痕跡，事實上，它們正是野豬的傑作。這些野豬雖具自衛能力，但仍不免成為老虎與無數野狼的腹中物。不過，野狼生性怯懦，倒是不足以構成危險。

值得注意的是，自從慘烈的阿古柏事件造成當地居民死亡殆盡以來，有相當長的一段日子，鮮少聽說有人被野狼、老虎吞食的事。這裡的野獸和人一樣無害。儘管當地居民是不可一世的成吉思汗和帖木兒的後裔，他們的祖先曾為偉大的蒙兀兒巴伯爾（Mogul Baber）[35]立下汗馬功勞，從驍勇善戰的阿富汗人和拉治普塔納（Rajputana）[36]土著手中奪下印度；但今日的他們，比我所知的任何民族都要來得溫馴善良。由於他們信奉的不是佛教，而是好勇鬥狠的回教，這樣的和善便顯得格外突兀。野獸的溫馴和居民性格上的變化也許只有一個理由，那就是在這裡謀生並不難。另外一個原因也許是，中國人在一八七七年奪回南疆後，便強迫這些民族俯首稱臣，居民的任何反抗行動都會被血腥鎮壓。

這地方的民族有東突厥人、東干回人、杜蘭尼人（Dolani）[37]，在伊犁河谷和接近焉者的地方還有西蒙古人或卡爾梅克人，在石河子和帕米爾則有殘存的伊朗人部落——瓦罕人（Wakhi）和巴克波人（Pakhpo）。

吉爾吉斯人在西邊、西南邊的山區，以及巴爾庫（即鎮西）附近一帶遊牧。哈薩克—吉爾吉斯人（Kazak-kirghiz）則主要分布在阿克蘇和烏什、吐魯番一帶。而阿布達爾人（Abdal，同杜蘭尼人）的聚落則散居在各處，比如和闐、克里雅（今名于闐）和喀什噶爾一帶，他們操東突厥語，也使用些語源不詳的單字。在許多地方，他們的社會地位卑下。此外，在大城市裡，有許多外國商賈的聚居處，但他們的一舉一動受到執政官的監視。當地稱執政官為「阿薩卡爾」（aqsaqal）[38]。這些外國商賈中有阿富汗人〔大部分來自斯瓦特（Swat）和巴焦爾（Bajaur），也有來自木爾坦（Multan）的什葉派普什圖人（Shiite Pathans）[39]〕、拉達克和喀什米爾的原住民，另外還有些巴爾蒂人（Baltis）[40]、東突厥人和拉達克人的後裔阿魯渾人（Arghuns）[41]，以及來自塔什干（Tashkent）、安集延（Andijan）、撒馬爾罕的突厥人（他們一概都被稱作是安集延人），再有就是來自希卡布爾（Shikarpur）的印度人。這些外國商賈是你所能想像得到，最討人嫌的放高利貸者。

此外，也有一些來自布哈拉的猶太人。他們和藹可親，出眾的外表與良好的品性，使他們在阿什克納茲猶太人（Ashkenaz Jews）[42]中鶴立雞群。然而，他們卻不見容於回教徒。

統治這片土地的主人是中國人。他們全部都來自湖南省與湖北省，衙門和軍隊裡的職位盡皆為中國人所有。另外，有些是富商巨賈，很多是做小本生意的商人；還有些是技工、車夫、兵士。不幸的是，在照例是可敬的中國人中，也有些不肖之徒，他們是在內地犯了罪，被發配充軍到這偏遠之地的囚犯，當地稱為「人犯」（champan）。他們在城裡遊手好閒，淪為盜賊、賭徒和皮條客之類。

東突厥人是支血統複雜的民族，外人可以在他們身上依稀看見歐洲人的影子。有些人的眼珠呈淺棕色或藍色，而大部分人一旦穿上歐洲人的服裝，在歐洲各城市遊走，旁人根本不可能有任何懷疑。與這些為數較少的歐洲型東突厥人同生共息的是波斯型突厥人；他們的特徵是身材瘦削高䠷，不修邊幅，蓄著大鬍子，鷹鉤鼻，有雙會說話的大眼睛，以及略黃的膚色。第三型是東亞型。這三型之外還有數不盡的混合型，其中大部分可以說是高山伊朗人配上明顯突厥人特色的組合。他們的語言十分美麗，在東部某種突厥方言的語彙裡，隱含了層出不窮的語意。你只要對他們的語言稍有認識，便不免要承認有一句東突厥俚語說得真是一針見血：「阿拉伯文是知識，波斯文是糖，印度文是鹽，但突厥文是藝術。」

有關突厥文的研究應該受到學術界更大的重視。對研究語言的學者來說，突厥文可是一大瑰寶；旅人若是熟諳幾種不同的方言，只要另外憑藉著對突厥語的了解，便能夠在從波士尼亞到北京的整個中亞暢行無阻。

當我在俄羅斯旅行時，我發現即使在莫斯科的大飯店裡，服務生也清一色都是突厥人。這可能是因為俄國服務生貪杯中物，會偷喝客人點的酒。面對這些突厥人服務生，儘管我絲毫不懂俄文，也能溝通無礙。

在土耳其斯坦西部，由於受到回教的影響，阿拉伯文的使用越來越頻繁，但同時我們也發現，許多單字都借用了波斯文；然而，這種情形在東部很罕見，在東部地區，倒是有些日常生活用品的名稱來自中文。

而由這善良、勤奮、聰明又平易近人的民族所創造的文明，不論古今，本質上都是屬於西方的。回教文明遲至十世紀才抵達南疆，並摧毀當時盛極一時的佛教文明，然而，追根溯源，回教文明也源自古希臘。不幸的是，它們在與歐洲以及鄰近的俄羅斯打交道之後，自古流傳下來的藝術和手工藝品便逐漸式微了。例如過去盛極一時，上面繡有炫麗奪目圖案的撒馬爾罕地氈，原是和闐一帶的特產，如今卻逐漸消失了。同樣地，此地原本出產一種圖案色澤光鮮亮麗、令人看得眼花撩亂的毛氈，不禁令人聯想起邁錫尼（Mycenaean）[43]原形，如今也幾乎絕跡了。

還有，具高度藝術價值的刺繡和絲織品也每況愈下。葉爾羌與和闐曾經生產過匠心獨運的銅器以及青銅器容器，過去名噪一時，如今卻無處可尋。過去能織出華麗圖案腰帶的織工，現在則只生產供馬韁和輓具各部所需的白棉布。

居家的建築形式模仿伊朗式樣，清真寺則像是東波斯的清真寺。

在教育方面，這裡的教育僅止於教人寫寫字；但所有人都會用銅幣做些簡單的算術。此外，南疆境內之大，卻沒有一間印刷廠。

但在另一方面，本地居民卻多半是天生的商賈，或是勤奮又聰明的農夫。如果有好學校的話，這些天賦極高的民族絕對會突飛猛進。至於這個民族的劣根性，則是各階層普遍共有的好色好淫、貪得無厭和不老實的惡習，這些都是被征服民族常有的通病。

另外，這個人口僅一百萬的少數民族，雖然平日溫順有禮，一旦被惹火了，也能犯下駭人聽聞的酷行。我聽說在往烏魯木齊的路上，在哈密和古城間，有一家休息站的店東，會搶劫殺人。由於這傳說漸漸傳開了，於是有人組織調查團偵辦此案，趁店東不留神時，將他逮捕到案。結果在他院子的黃土地裡，挖到了幾具被他殺害棄屍而已風乾的屍體。

復仇的方法令人毛骨悚然。他們把罪犯的衣服剝光後，用木釘釘在院子裡堅硬如石的黃土地上，然後在他腹部繫牢一只盆口朝下的盆子，盆內放了隻老鼠。當驕陽當頭烤曬時，老鼠則在他的腰腹大快朵頤。受刑人最後因脫水和失血過多而死。這也許可以被認為是一種中國式公理吧。

【注釋】

1 巴克特利亞：古王國大夏所在地，大致相當於今中亞地區阿姆河上游南岸及阿富汗北部地區。

2 原作者將巴克特利亞的住民稱為印度人（Indians），似乎不妥，在當時，巴克特利亞的土著與印度人有別。——審注

3 安息人：古代伊朗民族，在伊朗和兩河流域建立了安息帝國。

4 塞種人：古代亞利安種的遊牧民族，歷史上主要分布在黑海北岸的南俄大草原，部分遷徙至中亞、新疆等地。

5 原作者所指貴霜人應為由祁連山一帶遷徙至巴克特利亞的月氏人，由月氏人建立大月氏國，分為五個翕侯（酋長領地），其中一翕侯稱貴霜翕侯，後由貴霜翕侯推翻月氏政權，建立貴霜王朝，爾後才有所謂的貴霜人。

6 月氏：月氏原遊牧地在敦煌、祁連山之間，於西漢前元三至四年（紀元前一七七年—前一七六年）受匈奴之討擊而西遷至中亞，最後落腳處在巴克特利亞，建立大月氏國，原作者所稱的月氏為南俄的歐洲民族，實乃錯誤。而後文所稱將斯基泰藝術帶到蒙古者，應為斯基泰人，即漢文史料所載的塞種人，由南俄大草原將斯基泰藝術傳播至蒙古地區。——審注

7 薩珊尼：強盛一時的古代伊朗王朝，建國時間為二二四年—六五一年。此處指薩珊尼王朝的東部地區。

8 原作者的描述有誤。塔里木盆地的南緣綠洲及羅布泊一帶，其人種之所以有類華夏，乃因青海地區的氐羌

系民族不斷地遷徙至該地區，與該區原住民族屬亞利安血統者相混，所導致的結果。而原作者所稱印度人似不妥，應為亞利安種人，所指之「西藏人」更是錯得離譜，因西藏人（譯為西藏人亦不妥，應譯為吐蕃人）晚至西元七世紀中葉以後，才出現於中亞。——審注

9 粟特人：居住於中亞阿姆河與錫爾河流域的綠洲地區，善於經商，於西元七、八世紀時期，其足跡遍及歐亞，粟特語成為當時的國際語言。

10 此為原作者的觀點，但實際是歐洲的遊牧部族塞種人或斯基泰人。——審注

11 月氏民族之所以稱之為「月氏」，乃源自於該民族對月亮的崇拜，故有「月之支護」之意。——審注

12 此事在國史中亦有記載，如東漢班固漢書的張騫傳曾提及：「大月氏王已為胡所殺，立其夫人為王，既臣大夏而君之。」

13 原作者的觀點，正與學界看法相反，反而是月氏人可能是吐火羅人的一支，因近年在塔里木盆地東部的考古發現有四座墓，經碳十四年代測驗，其時間距今約四三〇〇—三四〇〇年之間，相當於中國商周時期，且墓中的遺骨具白種人體質。於此證明吐火羅人早在紀元前二千年左右就在該地生活。——審注

14 因為據比較語言學研究，吐火羅語屬於印歐語系西支，與希台語（Hittite）有密切關係，並具有其他古印歐語的特徵，因此確定有可能是目前所知最早的印歐語言之一，再加上壁畫中所呈現的歐洲人種模樣，遂有如是看法。——審注

15 原作者之意，指屬於西方文明的民族為受回鶻統治的綠洲地區的原住民族。因回鶻為遊牧於蒙古大草原，屬於突厥系統操阿爾泰語的蒙古利亞種。——審注

16和卓：為先知穆罕默德後裔的頭銜，後被用為「老師」、「主人」，也用為伊斯蘭教「教長」或「老師」之意。——審注

17卡爾梅克人：屬西蒙古一部，原稱土爾扈特部，居新疆塔爾巴哈台一帶遊牧，於十七世紀時迫於準噶爾部，乃遷往裏海以北、伏爾加河下游一帶，被改稱為卡爾梅克人。原作者所稱之卡爾梅克協助和卓木奪取政權一事，不確，應是由當時掌控北疆的準噶爾部所為，非勢力弱小的土爾扈特部。所以下文應修正為：成為信奉藏傳佛教的準噶爾部的屬國。——審注

18與當時統治中國的清朝開啟戰端者，非卡爾梅克人，因卡爾梅克人已遷徙至南俄大草原，而且弱小，不可能與清朝抗衡。此處應是準噶爾部，因為準噶爾部進擾外蒙古與西藏，嚴重威脅清朝，因此清朝滅準噶爾部，和卓木族中的小和卓木霍集占以準噶爾部已滅，想乘機自立，遂遭清朝征討。——審注

19史拉京維特：德國博物學家和旅行家，一八五四年—一八五七年間在印度和中亞細亞進行大規模考察，收集了豐富的自然科學和人種學方面的資料，曾用英文和德文出版了考察記。

20倭里汗：一八二一—一八六五年，又名阿里罕、條列和卓等，為移居浩罕之新疆維吾爾族後裔、張格爾第巴布長子。一八四七年參與「七和卓之亂」，一八五七年進攻喀什噶爾、英吉沙、巴楚和葉爾羌，後被清軍所敗。一八六五年投靠阿古柏，後被阿古柏祕密處死。

21布素魯克和卓：為匿居浩罕的新疆大和卓木波羅尼都之後，張格爾之子。

22鄂本篤：葡萄牙耶穌會士，曾在印度當兵，入會後奉命從陸路入中國。一六〇二年十月從亞格拉動身，經過十一個月後抵達新疆莎車，在該地逗留一年，一六〇五年抵肅州。當地回民告訴他耶穌會士都在北京，

鄂本篤即致書給在華耶穌會士領袖利瑪竇。利瑪竇接到信後隨即派人前往迎接，但在使者到達前幾個星期，鄂本篤不幸病死。

23 事實上，大谷光瑞與橘瑞超並非佛教僧侶，而是日本佛教界領導人。——審注

24 雷亞德：一八一七—一八九四年，英國著名作家、外交家和尼尼微挖掘者。一八四二—一八四七年間在土耳其亞述廢墟尼姆魯特（Nimrud）進行挖掘工作。

25 敘利亞景教：即唐朝傳入中國的景教，為君士坦丁堡主教聶斯托留所創，又稱波斯經教、秦教，為一基督教支派。該派否認基督的神性與人性的結合，而認為基督具有神、人兩個本性，是為「二性二位說」。——審注

26 印度—斯基泰：具有伊朗血統的一支遊牧民族，居住在俄羅斯南部，曾以克里米亞為中心，建立龐大帝國。

27 婆羅迷文：印度文祖，淵源於阿拉米（Aramaic）文字，它的形成可上溯自公元前八世紀或前七世紀。由當時的閃族人傳給印度商人。

28 應為西元二七七年二月二十六日。——審注

29 諾斯替派：源於一世紀，二、三世紀盛行於地中海東部沿岸，五世紀衰弱。諾斯意為「真知」，乃得救的要件。

30 保羅派、鮑格米勒派、卡加利派和阿爾比派：皆為中世紀由基督教衍生出的異端。阿爾比派受到羅馬教廷和異端裁判所的譴責，於十三世紀初被十字軍所毀滅。

31 迫害十分殘酷，阿爾馬金（Al-Makin）報導，他（瓦赫蘭一世）逮捕兩百人，以倒栽蔥方式將他們頭埋入

土中，兩腳朝上釘死在木板上。他說：「此乃朕、波斯王、胡慕茲（Hurmuz）之子瓦赫蘭，所親手種植的花園。」

32 呼羅珊：位於今天伊朗的東北部。

33 依作者所說的方位看來，作者所謂的東土耳其斯坦應即中國所謂的南疆，但「東土耳其斯坦」一般指的是整個新疆，即涵括北疆（準噶爾盆地）與南疆（塔里木盆地）。南疆本是中國領土一部分，作者深入大漠探索的時間在光緒三十年至三十一年（一九〇四—一九〇五），當時阿古柏之亂方平，南疆才收復，西北政治情勢混沌不清，故有「與中國接壤云云」之語。

34 百舌鳥：即伯勞（Shrikes）。——原注

35 蒙兀兒巴伯爾：印度皇帝，創立了蒙兀兒王朝，他是帖木兒第五代的嫡系後裔。

36 拉治普塔納：為印度史上一些侯國的統稱，範圍相當於今天的拉賈斯坦邦。

37 杜蘭尼人：又稱阿布達爾人，為阿富汗什圖人的一支。——審注

38 阿薩卡爾：原意白鬍子老人，用為頭目、族長之意。——審注

39 普什圖人：為南亞、西亞交界處的民族，主要分布在阿富汗東部、東南部和巴基斯坦西部的民族，亦稱帕坦人，操普什圖語。由印度人、塔吉克人和突厥人長期混合而成。信奉伊斯蘭教，多數屬遜尼派，少數屬什葉派。

40 巴爾蒂人：居住在喀什米爾的巴爾提斯坦地區和巴基斯坦境內的民族。為七至八世紀藏族先民與當地土著混合的後裔，操藏語，原信藏傳佛教，現改信伊斯蘭教。擅打馬球。

41 阿魯渾人：居住在伊朗的一個民族。

42 阿什克納茲猶太人：指凡採用阿什克納茲猶太教堂禮拜儀式的猶太人。

43 邁錫尼：邁錫尼文明為西元前二千年興盛於希臘與愛琴海的青銅器時代文化，在西元前十三世紀於希臘達於鼎盛。

第二章

第二梯次遠征：吐魯番至哈拉和卓

遠征發軔

以第一個探索地來命名的「德國吐魯番遠征之行」，是由「柏林民族學博物館」發起的。事實上，也只有這個機構有足夠的專業知識，能籌備這次萬里長征。此外，也得感謝館內印度部門的主任格倫威德爾先生，以及他的助手穆勒先生[1]。因為正是他們看出了東亞佛教藝術與古希臘羅馬藝術之間的關聯，並發現兩者是如何搭上線的。

格倫威德爾的大作《印度之佛教藝術》（*Buddhist Art in India*），是一本地位舉足輕重的學術論著，他在書中指出，佛教徒如何在西元紀年初始，將阿富汗東北部（即巴克特利亞）和印度西北部（即犍陀羅）的希臘藝術稍作修改，來表現他們的神祇與成就者。接著，佛教翻越帕米爾高原，穿過喀喇崑崙山口進入南疆，逐漸傳播到中國、韓國和日本。

於是格倫威德爾下了個正確的結論：連結希臘化藝術與東亞藝術的環節，必然在南疆，並因此著手籌備遠征這個地區。這其中當然有許多困難：例如地理位置偏遠，很多地方甚至無法通行；當地的居民據說並不友善，統治的中國人也拒歐洲人於千里之外。此外，有些邊疆部落性情凶暴、背德背信，曾拜訪這個地區的少數歐洲人中，有絕大的比率在此地慘遭殺害。如德國博物學家史拉京維特一八五七年在喀什噶爾遇害，蘇格蘭人達葛萊施（Dalgleish）、英國人海華德（Hayward）、法國人萊因斯也都在此地命喪黃泉；而萊因斯的死更是近在十九世紀末的事。因此，探訪南疆的活動就暫被擱置。

直到斯文．赫定冒險犯難地開創南疆探險新紀元之後，人們才有可能在此地旅行而無生命危險之虞。英國探險家斯坦因爵士在英屬印度政府支持下，也於一九〇一年展開他在和闐（位於南疆西南部）的成功探索之旅，並在返國後於漢堡的「東方會議」（Oriental Congress）中發表他的考古報告。這時，柏林終於決定讓遠征隊上路。格倫威德爾和穆勒的助手胡特博士，由私人出資管道取得此行所需的費用與物資。其中一大部分的經費是由德國軍火大王克魯伯（Herr Friedrich Krupp）先生慷慨解囊，他很看好這次遠征。胡特博士熱心奔走籌募款項，稍後更說服格倫威德爾不要輕言放棄。但叫人扼腕痛心的是，這名年輕的考古行家竟因為工作繁重、心力交瘁，在返家後不久即過世，為理想犧牲了性命。遠征隊在找到合適的夥伴狄奧多．巴圖斯後，終於發軔成行。這裡，我得稍微說說巴圖斯這個人。

巴圖斯生於波美拉尼亞（Pomerania）[2]的拉桑（Lassan），父親是紡織廠工頭。巴圖斯曾出海作過船員，並在多年的行船生涯後通過舵手檢定考試。有一陣子，他在澳洲經營牧羊業，並因此練就了一身御馬術。由於多年的跑船經驗，他熟悉裁縫、修補、打鐵、木工等一名風帆巧匠的所有技能。在他停留德國期間，因為存錢的墨爾本銀行倒閉，所有積蓄泡湯，不得已只好在博物館內謀職。由於他天份高，體力與勇氣都有過人之處，不但促成首次遠征圓滿成功，更在接下來的三次遠征中大有建樹。他的熱心以及自我犧牲奉獻的精神，更值得大大表揚。他對於考古探索之熱中，也不下於箇中行家。

在南疆工作的幾個月裡，我們每天日出而作，日入而息，沒有一天放假。我們的假日或假期，就是策馬從一個工作地轉戰另一個工作地的期間。

一九〇三年七月，格倫威德爾滿載而歸，行囊中有大量手稿，以及數量雖不多但品質精良的壁畫和雕塑等，引起了極大的矚目（見圖23）。這些寶物明白指出，在八世紀前的南疆，絕非突厥人的國度。事實上，其北境住有伊朗人以及操歐語的吐火羅人，西南境住著其他伊朗人，而整條南界延伸到羅布泊一線，則是印度裔的居住生息之地。雖然地理位置偏遠，卻不失為交通輻輳地，作為中原物資和印度、波斯、東羅馬帝國物資交流管道的絲路，穿過此境的南北緣，幾乎每個城鎮都是東方商賈雲集的僑居地。

這說明了為何我們的遠征隊帶回柏林的寫本中，會有多達二十四種字體寫成的十七種語言。這些文書都被送到柏林解讀，絕大部分的寫本在解讀後則被詳加研究，確定其性質，然後再將內容譯出。

這些寫本的內容絕大部分是宗教性的，很明顯地，當地的主要信仰是佛教，間或有些景教團體，在東部也有些摩尼教徒。

摩尼教雖曾在南歐、西亞、北非盛行一時，卻因基督教徒與回教徒的仇視而被趕盡殺絕，只在南疆流傳下來。這是因為回鶻人大約在八世紀中葉征服了東部地區（吐魯番），而且他們的國王們也都皈依了摩尼教。在吐魯番綠洲的石窟裡，我們發現了為數極多的摩尼教文獻，它們是以波斯文和早期突厥文寫成的。

由於這些發現極其重要，館裡於是組成了一個委員會，目標是再派遣一支遠征隊，探索這塊考古學上的聖地。遠征隊主要成員有梵文學者皮謝爾（Pischel）、柏林大學的歷史學家愛德華．邁爾（Eduard Meyer），另外還有穆勒教授、沙考（Sachau）教授及其他人。在短時間內，他們順利籌到遠征所需的三萬二千馬克，克魯伯先生也再次慷慨解囊；

另外三分之一的費用則由皇帝殿下所捐贈的一筆基金的利息支付，他對我們的考察活動總是充滿了熱情。第二次遠征由我領隊，在準備停當後，我在工程師巴圖斯的伴隨下，離開柏林，前往此行的第一站——聖彼得堡。在那裡，我們結識了「俄羅斯科學院」（Russian Academy）的學者專家們，他們協助我們取得通行證，又為我們寫了介紹信，之後我們前往莫斯科，打算從那裡沿西伯利亞大鐵道到鄂木斯克（Omsk）[3]。

可是我在莫斯科就碰到了麻煩。當我和巴圖斯大包小包抵達火車站——行李共重八十四「普德」（Poods，一「普德」等於三十六磅）——希望搭乘前往北京和東方的「train de luxe」（法語，即豪華列車）時，我們超重的行李引起站長的不悅。他說：「你們買兩張頭等艙的票，卻帶了八十四『普德』重的行李。你們只能帶走一部分行李，其餘的得留下，不然我還得加掛貨櫃車箱，但這是不可能的，所以這些行李得留下。」我明白他的居心，於是掏出一張面額五十盧布的鈔票[4]，夾在手指間，雙手互握置於身後腰部，一邊在這頭「苛耳伯勒斯」（Cerberus）[5]面前來回走動，一邊用手輕晃鈔票。來回走了三、四趟後，鈔票就沒了蹤跡。站長於是說：「我們想想辦法。」果然，他們想到了辦法，我們的行李也上車了。火車裡擠滿各式軍種階級的俄國軍官，他們是到前線和日本人打仗的[6]，但在我們看來，在這些軍官中，只有少數有資格稱為軍官。五天後，我們到了鄂木斯克。

很幸運地，我們剛好趕上一艘船班，之後搭著額爾濟斯（Irtysh）汽船，抵達了塞米巴拉金斯克（Semipalatinsk）[7]。在這裡，我們見識了兩種典型的俄羅斯運輸工具，也就是「大輪馱」（tarantass）和「鐵列駕」（telega）。「大輪馱」有兩對輪子，中間以一根細細而有彈性的白楊木樹幹相連結，行動遲緩笨拙的驛馬車車廂就架在這細細的樹幹上。行李塞在車篷裡面，在上頭蓋著被褥，旅客就可以一路躺到目的地。至於「鐵列駕」則是一種載重用、有點像碗狀的平底貨運車，在我看來十分不實用，日後也對我們造成許多困擾。我們買下一部「大輪馱」和四部「鐵列駕」便上路了。馬車夫清一色是吉爾吉斯人，他們有個壞習慣，就是每當接近驛站時，總要猛力抽打已筋疲力盡的馬匹，讓馬匹放蹄飛奔，於是乎我們總是在一片吆喝聲中，灰頭土臉地抵達驛站。

另外，旅途中有一項特別令人不快的事情：「鐵列駕」的車軸經常起火燃燒，我們不得不常停下馬來，用沙子來滅火——因為沒有水。關於救火，吉爾吉斯人倒是很有一套。

這樣的長征，攜帶備用車軸是十分要緊的。鐵車軸尤其管用，因為不會斷裂。但它們一樣會因為過熱而起火，甚至比木頭車軸還更容易著火。

我們不分晝夜地趕路，終於在八天內抵達中國的西界。

從俄羅斯到中國

那時正是十月天，夜裡寒氣逼人，不過我們倒是有備而來，因為我們在塞米巴拉金斯克已採購了俄羅斯毛皮大衣。然而，我們第一次在「大輪馱」裡睡醒的場面，可是十分逗趣可笑。巴圖斯和我，你看我，我看你，然後不約而同地齊聲問道：「老天爺！你究竟變成什麼樣子了？」因為毛皮大衣褪去的染料把我們染得跟個黑鬼一樣。不過，我們臉上和手上的染料，倒是和它們在毛皮大衣上一般，很快就褪掉了。

西伯利亞的地理景觀極為陰鬱、沉悶、單調。偌大的平原上，只見零星點綴的樺樹叢和緩慢無生氣的河流。但在另一方面，這裡物產豐富，麵粉和肉類都很便宜。

奇怪的是，大型猛禽在大草原各個點上異乎尋常地頻頻出沒。從遠處，我們就能看見一團團大型的棕色物體蠢蠢欲動，起初我們不明白是什麼，趨近一瞧，這團物體卻突然振翅一飛衝天。吉爾吉斯人告訴我們，牠們是老鷹。

俄羅斯的驛站極其簡陋，我們在這裡換馬，不稍耽擱。這裡只提供麵包、茶和糖，由於當地民風並不純樸，我們不敢在這裡開箱，只好將就點填飽肚子了。

終於，我們抵達了俄羅斯境內的最後一站——巴克圖（Bakhty），然後穿越中俄國界，來到邊界上的城市塔城（古稱楚呼楚（Chuguchak），為蒙語，意為「旱獺之地」）。俄國領事在領事館內招待我們。

在這裡我們得出示中國官方發出的通行證，並且雇請駱駝車隊，好向下一站烏魯木齊出發。這些準備頗為耗費時日，我們開始擔心天氣會起變化，使得我們無法穿越山口到吐魯番。最後，我們終於弄到馬了，但我猜價錢比我們自己買要貴得多。最後，我們終於帶著一部「大輪馱」、四部「鐵列駕」和一隊載運行李的小馬，向山區上路了。

我們才到山區，「大輪馱」的輪子就破了。車伕想出了一個應變之道，他們砍下所能找到的第一棵樺樹，削掉樹枝，把樹幹和車軸牢牢綁在一起，向後傾斜，把「大輪馱」變成一種雪橇。

我們越向前行，路況越糟，我們的「鐵列駕」由於裝載沉重，不時翻覆。每次翻車時，我們只得叫停，把翻在地上受潮的行李再裝上車。

當第五次翻車時，我再也耐不住性子，由於我們剛好抵達許多蒙古人休憩的額敏（古稱多爾布爾津（Dorbuljin），為蒙語「四方」之意），於是我們買了幾匹蒙古駿馬。把「鐵列駕」上頭的行李，分裝到「大輪馱」上，我們則騎馬隨行。

接著，我們的苦難開始了。領事已有言在先，提醒我們路上要小心，因為蒙古人和吉爾吉斯人正交戰中，部隊四處巡行，當地頗不安寧。事實上，我們途經雅瑪圖時，就遇到一名帶著小孩逃命的吉爾吉斯婦女。他們的村落遭蒙古人襲擊，母子兩人是全村裡僅有的活口。我這才想到路上不無危險，而我竟傻到把價值一萬二千盧布的金幣用皮袋裝著，綁在我的胸口，畢竟這些金幣的重量，對我們那部「大輪馱」而言可是一大負荷。但是，現在我騎在馬上，腳下的坐騎又頗招搖，這種心理壓力實在是太大了，於是第三天我就放棄騎馬代步的方式。我把錢裝在盒子裡，置於「鐵列駕」上，再手握毛瑟卡賓槍（Mauser carbine）坐鎮在上頭押箱。在惡劣的路況下，坐在那沒有彈性的簡陋貨車上，實在是一種無法想像的滋味。

途經一處山區時，我們常可看見狼和大角羊出沒期間，有時甚至相當靠近我們行經的道路。四周則不時傳來鵲鳥的長鳴聲，這種鳥在吐魯番頗為罕見，在這些山區卻隨處可見。

若向山頂望去，我們會看見卡爾梅克人和吉爾吉斯人，在高到令人頭暈目眩的山徑上，騎馬趕羊飛奔，蔚為奇觀。

這些遊牧民族養的狗十分危險，牠們體積頗大、野性十足，明顯討厭歐洲人。所以在靠近聚落時，我們得明智地喊著：「Nokhoi! nokhoi!」（狗！狗！）然後主人就會從「育兒特」（yurt）[8]走出來，拿皮鞭狠狠抽打這些張牙咧嘴的惡犬，趕牠們走開。

沿路許多耕地早已被棄置而任其荒蕪，而許多曾是中國人和突厥人居住的村落，在阿古柏戰役中慘遭夷為平地，或許是出自東干回人之手，也或許是自相殘害，畢竟那是一個人人自危的時代。這些規模頗大的村落，如今已成斷壁殘垣，令人不免觸景傷情。

我們在十六天內抵達烏魯木齊。該城中文叫迪化，有時又稱紅廟子[9]，這是以附近懸崖上的一座小廟命名的，這座中國廟宇坐落的地點絕佳，充滿浪漫氣氛。烏魯木齊是一個大貿易中心，同時也是總督府治所（撫台）[10]。它曾和阿克蘇、喀什噶爾同為本區三大國營鑄幣處，但到了一九一三年，只剩下喀什噶爾還在鑄造貨幣。城裡的居民有東突厥人，但大多是東干回人（說漢文的回教徒，又稱漢回）。這裡的東干回人特別惹人嫌。

當時日軍屢屢挫敗俄軍，這城裡也聚集了大批中國駐軍。我想如果再多派一點日軍，加上清軍人馬，應可以長驅直入俄羅斯，不費九牛二虎之力，便拿下西伯利亞。

在烏魯木齊的俄羅斯人對當地的中國人並不好，而且恰恰相反地，當俄國領事出巡時，總是前後各簇擁著二十名哥薩克人（Cossacks），誰要不快快迴避而擋到路，臉、肩膀或身體其他部位就要吃鞭子。在我和領事混熟之後，曾向他委婉抗議過，他卻回答說我不懂得如何對待這些百姓。

城裡有座蓋得不錯的中式建築，屬於某祕密團體所有。

營寨是中國常見的那一種，街道的設計也依中國城市街道的格局。主要街道上矗立著一座中國傳統刑具，令人毛骨悚然。那是一個木籠，犯人關在裡面，腳下踩著一片可上下滑動的踏板。他的頸項被夾緊在木籠子上方的橫木中間，踏板一天一天往下滑動，命運悲慘的囚徒的頸子則一天天被拉長，最後據說是在第八天便會頸骨斷裂而一命嗚呼（見圖4）。我的突厥僕人叫它做「卡帕斯」（kapas，站籠），是源自阿拉伯文的「卡法斯」（kafas）。魯道夫（Radloff）稱它作「好漢枷」（khokhanjan），語源則不詳。大路上車水馬龍的人車，對野蠻的刑具視而不見，賣西瓜的老頭依舊在做他的生意，對鄰近囚犯的悲慘遭遇，無動於衷。

我們拜訪俄國領事館，受到熱誠招待，尤其殷勤的是克查諾維斯基博士（Dr. Kochanowsky）。我們必須辦中國通行證，並且得到總督府拜碼頭。總督邀我們到衙門坐坐，並以八十六道菜餚的晚宴款待我們。在這之前，總督接見滿洲文武百官，這些政要權貴鵷列鱗集，魚貫走向總督高起的寶座。當他們走到總督面前時，行高跪禮，並以右手撫地。

這諸多繁文縟節之講究，黻衣袞服之考究，與文武百官的行禮如儀，在在使我對古中國的文明，留下不可磨滅的印象。

但食物則令我不敢領教。我的突厥僕人站在我身後，不時大叫：「Yēmanglar, tūram, yēmanglar!」（不要吃，主人，不要吃！）我發現他警告我不能吃的總是豬肉和鴨肉，有些突厥人奉為神明的禽類在這裡成為中國人的俎上肉，不免令他們大驚小怪。我們戴高筒帽西裝筆挺地赴宴，這身打扮實在不適合這樣多沙的地帶，中國人卻認為這麼穿是一種禮貌。是以回家時，這身打扮沾惹的沙塵，足足可以造林了。

幾天後，我們辭別總督，動身前往吐魯番。

前進吐魯番

當我們穿越山區，便開始下坡，走向著名的吐魯番窪地。根據美國地理學家亨丁頓（Ellsworth Huntington）[11]的說法，吐魯番窪地最低的地方，低於海平面三百多英尺。窪地四周環繞著光禿不毛、表面龜裂的紅色山丘；這些地區的地名：「庫姆塔」（Kum-tagh，沙山）或「恰爾塔」（Chol-tagh，荒丘），正足以顯示該地的地理特性。

中亞無情的驕陽烤炙著這個窪地，紅岩在白天吸收熱量，入夜後釋放熱量，也難怪這裡處處燠熱難當，溫度計上經常是居高不下的華氏一百三十度（約攝氏五十四度）。當地人把這裡叫做「土耳其斯坦的印度斯坦」（Turkistan ning Hindustani）[12]。

為了避暑，當地的有錢人家大都擁有地下室。可是地下室的溫度雖然要比地上的其他房間低得多，我卻待不住，因為不但空氣不流通，還有蚊子、蒼蠅肆虐其中。這裡的毒蟲和害蟲也不少，有種蠍子的毒針可不能小覷。此外，還有一種全身毛茸茸、鴿蛋大小的蜘蛛，牠的長腿讓牠健步如飛，吃東西時嘴巴則咬得吱吱響，而且據說有毒，但我從未聽說有人被牠咬過。

另外，還有一種玄黑色、毛茸茸而體形小得多的蜘蛛，牠們大多潛藏在地洞裡。這種蜘蛛據說也有劇毒，一旦被咬到，雖不死也去了半條命。還有人見人厭的蟑螂，大小像人的拇指，有大大的紅眼和長鬚。如果你早上醒來時發現蟑螂爬到鼻子上，用牠的大紅眼睛瞅著你瞧，準備以長鬚攻擊你的眼睛，你一定會作嘔個大半天。我們將逮到的蟑螂碾碎時，牠還會發出一股惡臭。幸好沒有臭蟲——雖然跳蚤不少，但不足為患；至於蝨子在某種程度上來講等同於南疆和西藏居民的家畜。還好我們倒不受這種寄生蟲之害，因為我有備而來。我們把含汞的油膏塗到兩張吸墨水紙的吻合面上，再把這塊油膏三明治切成長條，放在每個人的口袋裡。這樣大熱天裡蒸發的水銀，便可以殺死蝨子和牠的幼蟲。每個要加入我們營隊的新僕役，都要在進來前，先用含汞的藥皂洗澡淨身。同時他的衣物也必須裹著這種油膏三明治，放在大太陽下曝曬。這樣當他洗完澡時，他衣服上的蝨子也同時被蒸發的水銀和烈日殺死了。

在吐魯番綠洲，凡是有灌溉的地方，肥沃的黃土層都能帶來豐收。其中最著名的作物有瓜類、葡萄和石榴。

玉蜀黍、稷和品質極佳的小麥都有大量生產。小麥年可二熟，每穗可結四十到六十粒穀子。在屯墾區的棉花，品質也極佳。

水是所有農耕中不可或缺的要件。在這裡，有些從北邊山區發源的小河，汩汩注入這塊盆地，但由於此地幾乎不下雨，水量只夠灌溉部分耕地，以及供作日常飲水。可是儘管當地人沒有任何測量儀器，有的僅是一種又寬又重的尖鋤，當地人稱之為「砍土鏝」（ketman，用來挖地的工具），他們卻知道如何計算地面高度的落差，藉此挖掘灌溉渠道，達到徹底運用水資源的目的。

這些成就是千百年來經驗累積的結晶，同樣的技術也應用在把山泉導向耕地的工程上。這些波斯語叫「坎兒井」（kariz）的渠道是這麼做成的：先確定山泉的正確位置後，在高地上挖掘很深的成排坎兒井；坎兒井掘成後，彼此之間再以渠道相通，泉水會先被導入位置最高的洞口，再流入渠道中，由於渠道坡度緩於高地，水便可以流入平原中各個需要灌溉用水的地點。所有的這一切艱鉅工程，都由人力完成，完全沒有科學的輔助。

在山區和綠洲之間的地區，縱橫著許多坎兒井，但在夜裡，它們卻會危及騎馬的人，因為井口從來不加蓋。

水資源的分配是「米拉伯」（Mīrāb，阿拉伯語或波斯語，意為「管水的人」）的職責所在。他也叫做「蘇農巴依」（su nung bägï，突厥語），意義是一樣的，或叫做波斯文的「巴朗達」（bārāndād，賜雨者）。他必須正確記錄用水狀況，所以唯有最聰明、誠實和富裕的人可以榮膺此職。

我不敢貿然論斷，究竟坎兒井的使用在佛教時期已存在，還是在稍後才引進南疆，但可以確定的是，當地人今日依然在挖坎兒井。在我們停留哈密期間，一名吐魯番的水利工程人員，就正在為哈密王挖掘坎兒井。

坎兒井的投資報酬率有多高，可在下面這個例子中得知一二。魯克沁王找人以七十個元寶（約相當於十九個英鎊）的代價挖了坎兒井。第一年這些坎兒井為他帶來六十個元寶的利潤，第二年則增加到八十個。

我們下山來到有陡峭黃土斷崖的雅爾（Yār）谷地，它的名稱正是「深崖」的意思。谷底兩條小河匯注成一片河灘，高聳的斷崖拔地而起，陡峭的山壁上鑿有石窟。而在山頂水平面上，我們發現一處古城的遺址。城裡的街道布局依舊明晰可辨，它曾經是回鶻王國的首都，今日它半突厥半蒙古語的名稱是雅爾浩特（峭壁城）[13]，中文叫交河（見圖

5–6）。

從這裡，我們前往下一站——信奉回教的吐魯番。正如南疆其他許多大城，我們在距城牆敵樓所保護的舊城一段距離之外，發現了新城。舊城是當地人生息繁衍之處，新城則為清軍駐紮之地，過去也曾是一處避難所，只是不很可靠罷了。

所有這些城市的景象都有顯著的相似之處。一座座的花園和庭院被高牆圍住，牆外是街道，有時街道旁有一排沒有窗子的房舍。有些街道漸行漸寬形成一處市集，市集內的商店均為破落的泥土房，店門兩側各有一座土台，上面放了些用來買賣的雜貨。為了遮蔽烈日驕陽的燒烤，道路兩旁栽種了白楊樹和柳樹，用它們的樹幹來支撐由硬蘆葦和細枝條編成的框架，框架上紮了一束束的燈心草覆蓋其上，這樣一來，買賣才能在涼蔭下進行。

在行走了大約十二英里後，我們由雅爾浩特騎馬進入舊城，引來當地居民駐足圍觀。婦孺相偕爬上屋頂上大叫：「Uruss! Uruss! Uruss Käldï!」（俄國人！俄國人！俄國人來了！）

但情勢很快就有所改觀。當我們行經市集時，市集中一名屠夫認得巴圖斯，他還記得他在第一次遠征時曾來過，於是大叫：「巴圖爾！巴圖爾！」（Bātúr! Bātúr!）

巴圖斯的名字在南疆被拼作巴圖爾——這個頭銜，由大蒙古帝國（Moguls）[14]以「巴哈圖爾」（Bahādur）形式帶到印度，直到今天，成就非凡的人依然被這麼稱呼。而在吐魯番，這個稱呼幾乎與「英雄」同義，由於這層關係，我們的聲望大為提升。現在他們改叫：「Parang käldī!」（法國人來了！）由於當地人痛恨俄國人，這樣的轉變令人滿意。

魯克沁王已派遣一支有地位的代表團（istikbāl）來接待我們。他們以普通的餐點（dastarkhan）招待我們，有各種食品、茶和水果。費力走了幾天山路後，品嚐味美汁甜的西瓜、葡萄和石榴讓我們心曠神怡。

從回教城市吐魯番出發，有一條路穿越可怕的沙漠，通向哈拉和卓。

吐魯番新城外有一座清真寺，寺中有一座拜樓。拜樓樓身多處鑲嵌有排成圖案的壁磚。拜樓和清真寺都是由當地常見的風乾硬磚（adobe，西班牙語）砌成。建築的式樣和在撒馬爾罕、布哈拉以及基發（Khiva）[15]的同類建築一樣。

過去的旅人以為這座拜樓是一座鐘樓，屬於古代的景教團體，事實卻非如此。它其實是一座晚近的建築。廟內柱基上有一行銘文指出，此廟是一七六〇年由吐魯番魯克沁王系的始祖，著名的額敏和卓坎里克（Amin Khojam Khanlyk）[16]所興建。

在附近地區有一大片回教的墓地，內有數座圓頂墳塋。其中最大的那座有一個兩側築牆的入口通道，牆頭上有櫛次鱗比的城垛，在牆與墳塋的接合處還有象徵佛教的大法輪圖形。可見佛教也在這裡留下了些蛛絲馬跡（見圖7）。

【注釋】

1 穆勒稍後成了館內東亞部主任，他以辨識並翻譯摩尼教和粟特文獻出名，他關於古土耳其的研究亦卓然有成。——原注

2 波美拉尼亞：歐洲東北部地區，位於波羅的海（Baltic）海濱，奧得（Oder）河與維斯杜拉（Vistula）河之間，大部分屬於目前的波蘭。

3 鄂木斯克：俄羅斯鄂木斯克州首府，位於額爾濟斯河與西伯利亞鐵道交會處。

4 大約是五基尼（guinea）。——原注

5 苛耳伯勒斯：希臘神話中冥府的三頭蛇尾看門狗，職責是禁止生靈進入地獄，同時防止亡魂逃出。凡欲進出冥府大門者，都得施予賄賂才得通行。因此「苛耳伯勒斯」成了貪得瀆職者的代名詞。

6 指光緒三十年（一九〇四年）日俄兩國爭取在我東三省權益而爆發的日俄戰爭。

7 塞米巴拉金斯克：位於哈薩克共和國東部，為塞米巴拉金斯克州省城，是通往西伯利亞平原的河港。

8 育兒特：一種用毛氈製成的吉爾吉斯人的氈房，即帳篷或營帳。——原注

9 烏魯木齊市內有座名為平頂山的石山，清代在山頂修建了一座朱紅色牆垣的關帝廟（關公為清朝軍隊的「軍魂」），所以人們把當時的烏魯木齊稱為紅廟子。

10 光緒十年（一八八四年），清廷有鑑於沙俄在伊犁河流域蠶食鯨吞，乃廢新疆舊制改建行省，省府置於迪化。

11 亨丁頓：一八七六——一九四七年，美國地理學家、探險家和作家。一九〇三——一九〇六年隨巴雷特（Barrett）探險隊遊歷中國南疆，後又前往敘利亞沙漠、巴基斯坦和小亞細亞等地探險，著有《亞洲的脈搏》（*The Pulse of Asia*）等書。

12 因為氣候太過炎熱，使得當地人認為此地為新疆地區中最炎熱的地區，就像亞洲地區最熱的地區是印度一樣，因此就稱之「土耳其斯坦的印度斯坦」。——審注

13 作者所稱之回鶻王國，即中亞史上所稱的西回鶻王國，其首府位於吐魯番盆地，當時稱為哈拉和卓（qara qotfu），哈拉為神聖之意，和卓就是漢語「高昌」之借詞，是因穆罕默德聖裔有和卓之稱號，居住於此，於是地名也叫「和卓」，意義為「神聖高昌」、「聖都高昌」。——審注

14 大蒙古帝國：一五二六——一八五七年間統治印度境內的突厥—蒙古王朝。「蒙兀兒」（Mogul）一字也是波斯文對蒙古人的稱呼。

15 基發：在今烏茲別克，位於阿姆河以西，建城於六至八世紀。

16 額敏和卓：又稱伊敏和伽，為清康熙年間吐魯番地區的大阿洪（當地回教的教長）。額敏和卓於康熙五十九年（一七二〇）以魯克沁降清。至雍正十二年（一七三四）額敏和卓帶領魯克沁的維吾爾族內徙，被安置於瓜州。乾隆時，清伐準噶爾部，額敏和卓前往招降吐魯番的維族，並從征到伊犁。乾隆二十一年（一七五六），額敏和卓及其所屬瓜州維族返回魯克沁，於是清廷任命額敏和卓管制吐魯番。因其助平大小和卓有功，於是累封為鎮國公、固山貝子、多羅貝勒、多羅郡王，其子孫得以世襲爵位俸祿。——審注

第三章

在哈拉和卓的工作與生活（之一）

挖掘高昌遺址區

我們終於在十一月十八日抵達挖掘現場。高昌遺址區今天叫做哈拉和卓，原有印度語稱之為「阿普薩斯」（Apsūs，即 Ephesus）[1]，也叫「達契阿努司之城」（the city of Dakianus）[2]，或是「亦都護城」[3]，中國的古名則叫高昌。至於為什麼把這座古城叫做達契阿努司，答案可以在附近吐峪溝裡的一座「七睡人聖廟」[4]裡找到。這座廟至今依然神威赫赫，還有從阿拉伯和印度來的香客前來膜拜。不過，回教徒並不是將這個傳說帶到此地的第一人——回教直到十三或十四世紀才傳入南疆——這個傳說的流傳其實始自佛教時代，這點我稍後會再詳加細述。

高昌古城遺址呈一大正方形，占地一平方公里（見圖9）。厚實的古城牆仍有多處保持得相當完整。牆高二十二碼，以夯土築成——這種建築方式至今依然沿用於波斯到中國一帶；許多角樓——現存七十座——強化了牆身，牆的高段處，結構較為脆弱，但牆基十分厚實，特別是在靠近城門處的甕牆，牆身甚至厚到可以在牆裡開鑿出一排密室。

城門的石材部分已毀。但現在看起來，在環城的四面城牆中央，應該還各有一座武裝城門，而且很顯然在西北角上還有第五座城門。

由於建築物泰半夷平，我們無法清楚掌握街道的走向，只能看出兩條主要幹道，一條東西向、一條南北向，在城中心交會。交义點標示為「遺址K」（見圖15），我們認為這裡是信奉摩尼教的回鶻王的祠堂所在。因此，城裡的土地規劃，無疑是仿照羅馬人的營寨[5]模式。

城裡的建築物，都是廟宇、寺院和墳塚，簡言之，全是宗教建築（見圖8），沒有任何例外。建築的式樣則不外是伊朗式（有穹窿圓頂，見圖10），或是印度式（舍利塔，見圖48）[6]。無論在吐魯番綠洲，或是其他我們探訪過的任何古城，都找不到中國式建築。

高昌不但是廟宇之城，同時也是死人的墳塚，而其固若金湯的防禦工事，更在戰時為城外蝸居在土屋裡的百姓，提供了一個避難所。這些原本在城外的土屋，應與今日的土厝大同小異，但如今已無跡可覓。今日務農的東突厥居民，有些散居於城外的簡陋房子裡，其餘則聚居形成一條市街。在阿巴德、阿斯塔那和哈拉和卓三個小聚落裡，共有一千一百戶人家。

我們在農夫沙烏特（Saut）的「客棧」（sarai）前下馬。第一梯次遠征隊也是住在這裡，他見了我們十分高興。他是個極其鬼靈精的人，叫他搞怪大師亦不為過，但他的玩笑既慧黠又無傷大雅，所以我們想氣也氣不上來。他撥給我們幾間上房，自己和家眷則迴避他處。我們的房間大約五平方碼大，可通到城牆裡的通道和密室。這就是我們未來十一個月的家（見圖13）。

雖然我們才搬進來就發生了一樁小意外，不過從第一天開始，我們就和當地居民打成一片。我們房東的兒子玩白朗寧式手槍時不慎走火，結果傷到自己。子彈從他的左前臂貫穿，所幸並未傷及血管、神經或骨頭。他的傷口在幾天後便完全癒合了，這個民族生命力的頑強也由此可知。

不久，我們接到了魯克沁王額敏和卓的邀請，他是吐魯番王的最後苗裔。他邀請我們移居到他的王府（orda），但我們不得不婉拒他的好意，因為這座古城是我們的工作地，我們實在不願意每天來回各騎十三英里的路，往返於魯克沁和工作地之間。不過，由於擔心我們的拒絕會傷害到彼此間的情誼，我們即刻趕到魯克沁，作了一次禮貌性的拜會。

第二天正式開工，當地土著立刻帶來一些線條古典的泥塑頭像（見圖14），接著幾個農夫帶我到古城中心，在這裡，他們剛拆掉一座大廳堂中一片年代較近的薄牆，而在這片牆後，還有一片年代較為古老的古牆。古牆上殘留有古壁畫，內容是一個身著摩尼教祭司服飾的人，這個人像比真人還大，旁邊環繞著依照各式身分穿白袍的男女修行者。這些修行者的胸前，以粟特字體寫著他們動人的波斯名字。我們有理由相信，這是摩尼教創始人摩尼的畫像[7]。這個壁畫像是我們此行主要收穫之一（見圖18），事實上，這片壁畫推翻了摩尼教堂一概沒有壁畫的看法。這座廳堂和古城裡其他幾間房間十分相似，也許正是一座「齋戒堂」。

不過我們還是來得太晚。如果我們能早點來的話，會有更多薩珊尼王朝希臘化時期的繪畫得以保留下來，我們也能搶救更多摩尼教文獻，這些文獻對宗教史和語言的研究是十分重要的。一名農夫告訴我們，在第一梯次遠征隊抵達之前，他們有次把一座廟拆了準備改作農地，卻無意中發現了滿滿五大車的摩尼教經文寫本，而這些寫本正是我們念茲在茲的研究對象，其中有許多寫本上有炫爛奪目的圖畫。但農夫一來害怕這些書是邪魔歪道，同時也害怕清朝官吏拿這次發現作藉口，需索無度，於是乾脆把這五車寫本全倒到河裡！

摩尼教寫本有好幾種不同的裝釘方式：(1)傳統的書卷式(2)摺疊式：由一大張紙摺疊而

成(3)印度式(4)歐式裝釘式。其中印度式寫本也叫「貝葉」（pothi），做法是把一疊窄長的冊頁，四邊切齊，一邊穿兩孔，再用兩片裁成一般大小的木片，夾住紙張保護冊頁；最後用一條長線在兩孔間纏繞數次，將鬆散的冊頁綁緊。在質材上，紙張、羊皮紙、軟的手套皮以及絲帛上，都有摩尼教的文書。我們也發現一些埃及風的書皮，它們由打壓的羊皮做成，成多孔狀並漆上金邊。另外，我們還發現一張鑲有金邊的龜殼書套殘角；不過這張書套究竟屬於中國書還是西方書籍，則不得而知。

摩尼教經文寫本以其秀麗的書法聞名於世，這也正顯示亞洲第一個開化民族——伊朗人，酷好裝飾藝術的天性。經文以美觀大方的摩尼教字體寫成，這是敘利亞字體的一種變體；有些則以粟特字母的粗體寫成，這種字體衍生於一種目前尚未被發現的閃族字體，經過改良後，由回鶻人引進，被回鶻人、西蒙古人（或卡爾梅克人）以及滿洲人所採用。

在土耳其斯坦的印度人則使用傳統的「貝葉」式寫本，或者書卷式和摺疊式裝釘法，有時候他們也用木板。他們通常用一種麵粉和石灰調成的醬糊，把紙張黏在一起。

信奉摩尼教的突厥人，有時也會用突厥的盧尼克字體（runic），這種字體之所以這麼稱呼，是因為它的外形酷似日耳曼民族的如尼文（runes）[8]。而這種字體也讓我們更深一層地認識突厥語的音標。只有具備高度科學頭腦的民族才能發明出這樣一套音標系統，這也適足以證明突厥人高度的文明水準。

丹麥哥本哈根偉大的語文學家湯姆森教授（Vilhelm Thomsen），不久前成功解讀了這種獨特又奇異的字體，而到目前為止，唯一的比照樣本是鄂爾渾石碑[9]的拓本。當我稍後找到以這種字體寫成的手稿時，便將保存最好的一頁取下，準備回國時獻給這位天份極高的語言學家，聊表敬意。

格倫威德爾囑咐我，要特別留意三處遺址，可是我們雖然完成任務，成果卻沒有預期得好，這一點巴圖斯已事先預言。而且，自從第一次遠征隊來過之後，居民就開始在遺址上濫墾濫挖，因為遺址中有許多物品運用在他們目前的生活中仍相當實用。另外，數百年的沙暴日積月累所堆成的黃土層，覆蓋在雕像的碎片上，形成了有用的有機養料，居民於是在上面開墾挖掘，對古蹟造成極大的傷害。

比雕像更具價值的泥牆壁畫，也難逃厄運。由於回教徒憎惡這些圖畫，所以一旦發現，便予以塗毀，特別是畫像中的人臉部分。

這是因為當地人依舊相信，畫像上的人物、牲畜，如果眼睛和嘴巴不塗掉的話，會在夜裡活過來，從畫上走下來，傷害人畜莊稼。而在村落附近一帶，農民也將壁畫連畫帶泥從牆上剝下，作為他們能源耗盡田地的肥料。而對這種破壞古蹟的行徑，當地的清朝官吏竟然不聞不問。他們皆信奉儒教，排斥佛教為小老百姓的宗教[10]。（一直到我們在古蹟中發現銘刻中文的石碑，他們才開始感到興趣，而且只允許我們帶走佛教文物。）

因為吐魯番窪地缺少燃料和建材，所以廟門上的橫梁也是搶手貨。地板上美麗的瓷磚，更是當地居民覬覦的對象。更早的時候，當地人總是不時在附近尋寶，據說還常發現價值不菲的銅幣、金銀或銀身小塑像等。

最後，隨著人口的增加，農夫們開始動遺址土地的腦筋。由於遺跡不斷被挖開運走，城裡的空地面積便逐漸增加，等古蹟被夷為平地，農民在整地後又挖掘灌溉渠道。淹水為古蹟帶來無可彌補的創傷，有許多地方的古蹟，半座牆都泡在水裡，其中的古文物自然也全部泡湯。

在標號「遺址K」的摩尼教石窟裡，有一座藏經閣遭水破壞殆盡，令我不勝唏噓。在挖開黃土層後，我找到一扇門。在門檻處躺著一具業已風乾的和尚屍體，僧袍上仍舊血跡斑斑。我們推開門進入一間斗室，地面覆蓋了一層將近兩呎厚的堆積物。我們趨前一看，才發現是摩尼教經文寫本。從頂上黃土層滲透下來的灌溉用水早已濕透紙背，把稿紙黏成一團紙球，在當地高溫烘烤下，這些價值連城的古寫本全都化為一堆黃土！我從中取出一些樣本，小心晾乾，希望能拯救其中一些寫本，但這些冊頁立即瓦解粉碎，碎成紙屑，上面還隱約可見一些書寫工整的秀麗文字，以及以金碧紅藍黃繪製的彩圖。牆上美侖美奐的壁畫，也慘遭滲水的破壞，在藏經閣附近的一條通道中，我們還發現數量龐大的絹帛綢緞，有波斯式也有中式，其中還有些摩尼教掛氈，上面繪有穿著摩尼教祭司法衣的男女。

廟裡的奉獻畫是屬於日本掛軸（kakemono）的樣式，這種掛軸在摩尼教和佛教中很常見，可能起源於西方，

在寺廟的東北方，我們發現了四座波斯式圓頂建築。巴圖斯很幸運地在其中一座找到了價值不凡的摩尼教手稿，其中一張縮小的圖畫手稿上，一邊畫的是穿道袍的摩尼教士以及粟特文和回鶻文文字，另一邊畫的是一隊樂師，和一卷裝飾美麗的書卷，上面有幾行以晚期粟特字體寫成的文字，記載了一名回鶻王的姓名和頭銜，只不過，有些地方不幸剝落（見圖19）。

在南側一棟圓頂建築內——也就是我們所稱的「停屍間」（見圖15），其中的發現則

令人不寒而慄。它的前門被堵死，圓頂已塌陷，其上鋪了一層拱起的地板，在上方又蓋了一間佛寺，但目前只賸矮矮的幾截殘垣斷壁。不過，我們還是依稀辨認出了牆上佛教壁畫的遺跡，主要是藏傳佛教時期的憤怒尊畫像。

我們檢查過裡面的一切古董文物後，把地板敲破，發現底下有殘留的圓頂。緊接著出乎我們意料之外的，我們看到了至少集結數百具屍體的屍堆。從他們的衣著看來，應是慘遭橫死的佛教僧侶。最上層的屍體還保存完好，皮膚、毛髮、乾掉的眼睛乃至他們身上致命的傷口，都依然清晰可辨。其中有一具骷髏頭，被軍刀狠狠地從頭蓋骨到牙齒切成兩半。

這椿使古城毀於一旦的集體屠殺，可能發生在九世紀中葉，當時中國政府為了管理出家人，曾諭令基督教、摩尼教和佛教的僧尼一律還俗，結婚生子、完糧納稅並從軍服役，抗命者一概處死[11]。

這種事的結果在哪裡都是一樣的，信仰虔誠的人寧死也不屈從，也因此，橫屍遍野的悲劇在所難免。

工作與生活

我們的工作環境極其惡劣，冬天砭人肌骨的寒風從東北方橫掃古城，夏天的吐魯番窪地則好比是一座烤爐，再輕便的衣服都嫌厚重。然而，我們還是得在無遮蔭的環境下工作，曝曬在驕陽的烈焰下。

波美拉尼亞人的巴圖斯曬得全身通紅，法裔的我則曬成了黑鬼。

漫漫黃塵尤其討厭。我們經常不知不覺就滿口滿鼻都是沙塵，尤其在三至五月颳大風的季節，滾滾的漫天風塵宛如一朵暗褐色的雲。吐魯番窪地幾乎每十年才下一場雨。當地馬車「阿拉巴」（araba）的鐵箍車輪比一個人還高，來來往往地在地上輾出深刻的輪跡，而黃土層也被車輪研磨成細粉。

在我們挖掘時，黃塵飛揚，厚積如雲，等黃昏下工時，我們都從支氣管中咳出厚厚的一唾黃土。

黃塵雖然吸熱，卻也同時遮日。我的第一批照片因此全部曝光不足。在我們抵達的第六週，我才發現屋外有座白頭山，原來這段期間，山都被黃塵遮蔽了。

飲食則再簡單不過，反正不是米飯拌羊油，就是羊油拌米飯！

儘管這種當地稱為「波糯」（palao，抓飯）的米飯拌羊油營養可口，可是夏天羊油容易變臭，在大熱天裡吃有餿味的飯，不免讓大家倒足胃口。

還好當地終年都有瓜果、葡萄和水果乾。我們房東太太烤焙出來的麵餅，更是風味絕佳。烤餅是用一種當地稱作「托努爾」（tonur）或「塔努爾」（tanur）的土灶烤成的，這種歷史悠久的傳統烤爐和它的名稱一樣，都來自美索不達尼亞。它是一座裡面有火山口形開口的圓爐，使用時由外頭加熱，等爐裡燒得夠熱了，再爬到爐子上，將麵粉團捏成形後黏貼在內壁上，服貼的餅直到被烤得熟透了才會掉下來。餅掉下來後，房東太太就會把餅拿出來，撢掉上面的灰塵，就是一塊風味絕佳的烤餅了（見圖26）。

不過，沒有茶和烤餅的日子，我們就難過了。因為吃多了水果，特別是杏子和水蜜桃，容易腸胃不適，大熱天裡腸胃病難治，更可能惡化。至於罐頭食品，我們只帶了幾箱沙丁魚罐和豌豆布丁。

我們還帶了四桶萊姆酒和亞力酒[12]，但我們幾乎沒有興致喝。後來我還把剩下的三桶酒，移交給第三梯次遠征隊。此外，我的姊姊們在臨別時送給我幾打彭沙丹酒（Veuve Cliquot Ponsardin），這種酒如果蔭涼了喝，在忙碌一天後，特別讓人通體舒暢。這幾瓶酒全用浸水的毛氈裹好，掛在通風口，只要保持毛氈濕潤，蒸發的水氣就可以讓酒保持在低溫狀態。

我們通常在凌晨四點太陽還沒升起前就起床，一直工作到傍晚七點收工。然後，付工人錢，登錄打包發現物，記帳，寫信，吃簡便的晚餐。

不幸的是，我們的院子裡常常擠滿了遠道而來求診的病患，他們通常是罹患風濕痛和瘧疾，由於奎寧和水楊酸藥效奇佳，所以求診的人始終絡繹不絕，漸漸地造成了我們一些不便。不過，如果碰上絕症病患，我們也只能自嘆有心無力了。遇到這種情況，我們只好開些無傷的方子，另外說些安慰的話以求了事。

一天向晚時分，我正在看病應診時，一隻猛禽突然飛掠過庭院。我起身追出去，想知道是哪種鳥禽，卻在門口和一個痛哭失聲的老婦撞個滿懷。我驚訝地問她：「老婆婆妳為什麼哭得這麼傷心？」她說：「大爺！我拿不出五塊錢來。」我再問：「什麼五塊錢，老婆婆？」她答道：「大爺，你有所不知，你的房東要我們這些上門求診的病人要交出五塊錢，才放我們進去！」我聽了大為不悅，帶這名老婦入室，讓她把事情原委重複一次，其他病患都附和證實。

沙烏特的把戲使我大為光火，我用我隨身繫在皮帶的鞭子，鞭打了他幾下——這是我唯一一次打當地人。我告訴他，我將知會魯克沁王，讓他「大棍」伺候，這下子他吃不完兜著走。沙烏特聽完一溜煙不見了，而我們也上床就寢，但才剛閉眼，就聽見屋外哭得昏天搶地。原來這個老奸巨猾的傢伙，找來了祖母、母親、老婆、他漂亮的女兒楚薇德汗（Zuwide Khan，見圖25）、外甥女，以及所有的女性親戚來求情，手拿葡萄乾、糖、茶，以及其他值錢的禮物，一把鼻涕一把眼淚，求我饒了她們的外孫、兒子、老公、爸爸等。

這場人倫大鬧劇打敗了我，我答應他，如果他未來能遷善改過，我就既往不咎。

這些女眷的害怕其實不無道理。雖說過去大權在握的郡王，在中國拿回南疆後已經失勢，實權掌握在清朝官員手中，正如在印度土王的宮廷裡，掌握實權的是英國人一樣。雖然這些郡王已無權執行死刑宣判，但是還是有權體罰犯人。刑具有大棍和小棒；大棍是一支長條竹竿，頂上磨平，一如我們的搖櫓。受刑的囚徒面朝下匍伏在地，袒胸露背挨棍子，一棍下去，皮開肉綻，只要二十五棍便足以斃命。

年輕英俊的魯克沁王，是吐魯番王始祖額敏和卓汗的嫡傳七世孫，並且和他的祖宗同名。額敏和卓汗在一七六〇年建國，柏林博物館裡收藏了一幅他的肖像，真人大小，是專為乾隆皇帝畫的。引人注目的是他高挺的鼻梁和藍眼睛。在他的身上，我們看到了消失一千年的吐火羅人的影子。

十二月初，我們應邀到魯克沁王的王府作客，排場很大。王府的柱式大廳裡坐了兩排穿著朝服的權貴，郡王坐首席，位於廳內高起的位置，我和巴圖斯分坐在他的左右兩側。我們旁邊有個碩大的炭火盆，但因炭火燃燒不均勻，黑煙嗆得我十分難受。

晚宴由水果開場，有葡萄、西瓜、胡桃、阿月渾子[13]，以及嘗起來滋味相當不錯的茶水。由於郡王禮遇我們，在茶裡撒了大把大把的糖。接著上的菜有羊肉湯、水煮羊肉片，最後是份量很多的抓飯，拌著羊油、雞肉、葡萄乾、胡蘿蔔片以及榲桲。只要羊油不發餿，那真是一道營養美味的佳餚。

晚宴時，操刀舉箸都有規矩，而且會場一片鴉雀無聲，這讓我覺得有些無聊。終於，這些文質彬彬的先生們抹了抹嘴，說了聲「偉大的真主」（Allahu akbar），接著互道了多次平安後，魚貫離席。

之後，郡王邀我們進內室，片刻後，一群身材高䠷、體態婀娜多姿的歌妓便登場唱歌獻藝。旁邊有一名樂師伴奏。樂師拉一支馬鬃弓，在西塔琴（si-ta-r，一種長頸小提琴）上拉出曼妙的音樂。這些如花似玉的歌妓們的吟唱，迴異於阿拉伯人鼻音濃濁的嘶吼，也不同於中國人尖聲細氣的歌聲，後者是我完全無法忍受的。

我央求郡王派這些歌妓到哈拉和卓來，我好用留聲機錄下她們的歌聲。

他承諾照辦，於是在我們返抵哈拉和卓不久後，這些歌妓便坐著當地稱作「曼帕」（ma-pa）的華蓋翠輦翩然來到，身後則有奴隸隨行。我們的房東頻頻行禮，我們也特別清出兩間房給她們梳洗打扮用。我們在自己的房間裡招待她們，還刻意在牆上張掛大紅床罩，並以家常小點招待她們。

她們一開始很緊張，但在幾杯香檳酒下肚後，很快就恢復鎮靜。

接著我拿出「音箱」（nāghma sanduūq），擺好錄音器，要求主唱者對著這個儀器唱歌。她開始有些怯場，但隨即鼓起勇氣，引吭高歌。她的歌聲嘹亮，而且因為太嘹亮了，以至於金屬接收器把音符連同音波振動都傳送到了蠟卷上。

我央求第二名歌妓小聲唱，但徒然無功。她們無疑地都有些緊張，才藉著放聲大歌來去除怯場之情。我錄了幾首民謠後，道了謝，便送客。她們拿了俄羅斯金幣「泰拉」（tila），個個喜不自勝，在當天下午就趕回魯克沁。

很遺憾地，我把這些蠟卷給了「柏林心理學院」（Berlin Institute of Psychology），雖然尚保存完好，卻沒有人來研究這些美麗曼妙的歌聲——人們還以為是歐洲歌謠呢！

不過，這段插曲給我們添了不少麻煩。在南疆，市井中的耳語謠傳不脛而走，任何消息都會以不可思議的速度傳遍這塊土地。於是，附近一帶的地主（zamīndārs）都聽說了王府裡以美色聞名的歌妓，把歌聲灌製到外國佬的「曲箱」裡。

在錄歌後的隔天，我很不高興地發現，除了上門求診的病患外，還有不少穿戴整齊的老先生，坐在院子裡等我。他們必恭必敬地起身問安，問我是否能把這些歌妓的歌聲放給他們聽。

由於他們誠懇有禮，我答應了，但後來人數與日俱增，浪費了我們許多時間。當人數多得不得了時，我邀請了其中最年長的三位到我房間，請他們喝茶，然後侃侃而談。

「Ai dūstlarim ā（朋友們）！你們知道幻術有兩種，一是阿拉正派的奇術，一是撒旦的魔術！」

他們不約而同地回答：「Balī turam!」（說得是，大爺！）

「你們知道，阿拉把更多的智慧（hikmat）賜給法蘭克人。」我說。（眾人又齊聲道：「說得是，大爺！」）「所以我們能夠施用兩種幻術，而你們只能施用正派的奇術。」（眾人又齊聲道：「說得是，大爺！」）我接著說：「我是為你們著想。『音箱』裡住了個小撒旦，他會把這些歌寫下來吟唱。你們想聽歌我可以放，但你們得先知情，所以現在先去告訴其他人吧！」

他們聽完我的話後撫鬚冥思，口中唸唸有詞，又交頭接耳了一番，然後就出去和其他的人商量。可是不到三分鐘他們就都回來了。他們說：「Taksir turam（大爺）！你不過是要撵我們走罷了，裡面根本沒什麼撒旦，『音箱』不過是你們法國人發明的機器（makina）罷了，拜託你放給我們聽聽吧！」

這樣的答覆令我很高興，這正足以證明這個古老民族的智慧，於是我放歌給他們聽。這些老先生聽得不亦樂乎，最後才心滿意足地走了。

但從那以後，我們就教房東手腳伶俐的兒子，巴圖斯戲稱他為「羊頭」，學會怎麼使用機器。從此，放歌的重責大任便由他代勞了，這可讓我著實輕鬆了不少。為了讓讀者能一窺當地歌謠的究竟，我在此重現其中三首歌謠的原貌。

情歌三首——哈拉和卓的楚薇德汗所唱[14]

我們房東的女兒十五歲時嫁給一個吐魯番的自耕農，可是她遇人不淑，所以沙烏特便把女兒接回家住。

我們來此不久之後，她就生產了，但叫人驚訝的是，這個皮膚白皙的少女竟然生了個膚色黝黑的蒙古種。

她常常一邊哼著民謠，一邊餵孩子吃奶。由於我們私交甚篤，所以她讓我記下歌詞。其中兩首歌是一個年輕的哈拉和卓人所作，他最後因精神狂亂而死，當地人為紀念他，叫他作：「癡心漢」（mağnūn，阿拉伯文）。

第三首小曲唱的則是阿古柏軍中武士，和達坂城第一美女安珀汗（Ambar Khan）之間的愛情故事。就在這達坂城，阿古柏的軍隊和火力強大的清軍做最後一次殊死戰，但終告失敗，戀人就此生離死別[15]。

第一首

Bārisan bir bir bēsip　妳一步步漸行漸遠，
daryā suiyidak airilip　我倆如江水各奔東西！
wāi　我心痛啊！

munčima bayring qatarmu　妳的心果如鐵石般硬嗎？
baqmiding bir qairilip　不曾回首望一望！
wāi!　我心痛啊！

bāryica bāy bīla bardim　與子同行如置身旖旎花園！
yanyuča tāšliq bīlan　與子相違如過兕險沙漠！

nai!

xōšmoyu bandam kotardim
san qara qāšliq bīlan
nai!

yāri ning yāri tōlá
mandin bloak, mandin bolak
wāi!

amdi yār tutmai man—a!
sandim bolak, sandim bolak
yāi!

我心痛啊！

啊，濃眉大眼的姑娘，
我曾與妳相親相愛！
我心痛啊！

我的心上人移情別戀！
移情別戀，另結新歡！
我心痛啊！

但今生今世我對妳情有獨鍾，
情有獨鍾，此情不移！
我心痛啊！

第二首

ŭ́ kōčada san bolsáng
bú kōčada man bolắi
ánār gúli san bolśáng
yúpurmāqi man bolắi

ičimdiki ranğimni
yārim san bilalmaisan
man koidum bū otlarya
san bolsang čidalmaisan

qara xōğaning suyī
qarangyō bāylardin āqur

妳走到哪條大街，
我就跟到那兒！
妳若是那石榴花，
我便是那綠葉。

我的愛、我的痛，
豈是妳能斗量！
愛情的熊熊烈火，
亦非妳能承當！

哈拉和卓的小溪，
流過重重綠蔭的花園，

qara qāš qāwil ğugan	濃眉大眼的姑娘啊，
yurakka ōtlarni yaqur	點燃我心中熊熊烈火。
korgali kaldingmo yar	哦！我的愛，你會來看我嗎？
koidurgali kaldingmo yar	你會來點燃我內心之火嗎？
koyup očkan otini	請你來點燃我內心的烈火，
yanduryali kaldingmo yar	那一度被你熄滅的愛之火。

第三首

Dāban čing ning yari qatiq	達坂城的地呀硬又硬，
tāwuūzi tatliq	達坂城的西瓜甜又甜，
Dāban čing da bir yarim bar	達坂城有我的心上人，
Ambar xān ārliq	她的名字叫安珀汗。

Ambar xān ning sēči uzún
yarga tagamdō
Ambar xāndin sōrap baqing
Arga tagamdō

ūšaqqiná ūncalarim čečilip katti
terip barsang čō
soyai dasam boyum yatmas
ēgilip barsang čo

ātlaringni haidait ikan
mus dāwán birlan
bir yáxsinī qinait ikan
bír yāman birlan

安珀汗的頭髮長又長，
長長垂到地上來了嗎？
仔細問問安珀汗啊，
是否想要嫁個男兒郎？[16]

我的珍珠流呀流滿地啊，
妳可願意為我揀一揀？
想親吻妳我卻搆不到呀，
妳可願意為我彎彎身？

妳騎著駿馬趕啊趕，
越過冰河山口跑呀跑，
正像好女一輩子啊
一輩子啊嫁惡男！

qārisam koranmaıdō
Daban čing dikī qōryán
—ağap bir yaman īkan
Ambar xan din airilyan

我望呀望卻望不見，
達坂城的城牆高又高，
我和我的安珀汗分手，
我的心碎成一片片。

【注釋】

1 阿普薩斯：位於愛奧尼亞（Ionian）小亞細亞，是希臘最重要的城邦，故址在今土耳其塞爾柱克（Selcuk）附近，為著名的歷史古城。根據後文中作者解釋，這座古城之所以有這個別名，是因為七睡人聖廟就在附近，因此又以「艾弗索斯」（Ephesus）的突厥文形式「阿普薩斯」（Apsūs）命名之。

2 達契阿努司之城：根據迫害基督教徒的羅馬皇帝德西烏斯（Decius）的名字而命名的。德西烏斯（約二〇一——二五一年）乃羅馬皇帝。二四九年登基，曾處決羅馬、耶路撒冷和安提阿（Antioch）主教。

3 亦都護城：亦都護為古回鶻國王稱號，乃回鶻語「神聖、幸福」之意。

4 七睡人聖廟：根據早期基督教的傳說，艾弗索斯有七名年輕貴族，為了逃避皇帝德西烏斯的迫害，紛紛逃到一個洞穴中藏匿，並且一睡就是一百八十七年。

5 原文為拉丁文「castrum」，意即營寨、堡壘。

6 舍利塔（stūpa）：波斯式圓頂建築，基本上是由一方形主體，上面覆以由兩個半圓形拼成的圓頂，覆蓋不到的地方則由貝殼形的小圓拱卷代之。印度式舍利塔通常切割成許多多邊形的層次，並照例有個小房間，裡面供奉聖徒靈骨、寫本，珠寶硬幣等貴重物品，以及骨灰。許多寺廟結合以上兩種建築形式，有點不同的是這裡的舍利塔呈四方形或正方形，前面有一圓頂方形小禮拜堂。——原注

7 有關摩尼教信仰及其藝術，以及摩尼生平行誼，請參考拙著《中亞佛教的晚期古典藝術》（*Die Buddhistische Spätantike Mittelasiens*）的第二卷〈摩尼教的微畫〉（*Die Manichäischen Miniaturen*，萊默出版社，柏林，一九二三年）。——原注

8 如尼文：亦稱富薩克字母（futhark），是北歐、英國、斯堪地那維亞和冰島各日耳曼尼族的文字體系。通行於三至十七世紀。

9 鄂爾渾石碑：鄂爾渾碑文保存了現存最古老的突厥文字。一八八九年在蒙古北部鄂爾渾流域的兩座紀念碑發現。紀念碑的年代分別為七三二年與七三五年。

10 據考，當地官員對破壞古蹟確是不聞不問，至於什麼原因，史無明言，或許是事不關己，或許是文化水平不夠，而作者所言因信儒教而排斥佛教，應是作者個人的推測，因為佛教在中國盛行，特別是清朝，文人並未排斥。——審注

11 作者指的是發生在唐武宗會昌五年（八四五年），皇帝大規模的迫害佛教僧尼行動，史稱「會昌法難」。

12 亞力酒（arac）：又稱arrack，是一種亞洲烈酒，用椰子、糖、蜜、米或棗子釀製成。arrack此字源於阿拉伯文中的araq，意即甜汁、甜酒之意。

13 阿月渾子（pistachio）：學名Pistachio vera，漆樹科小型落葉喬木。高可達六公尺，原產於西亞。結紅褐色的堅果，即今天台灣流行的開心果。

14 這些歌都發表在敝人拙作《吐魯番地區的俗諺與歌謠》（*Sprichwörter und Lieder aus der Gegend von Turfan*，B.G. Teubner出版社，萊比錫，一九一一年）中的附錄二。——原注

15 發音解釋：y（希臘字母）= 喉音[gh]；x=[k]，如loch中的ch；q= 硬喉音[k]；š=[s]，如shame中的s；č=[th]，如quench中的ch；ğ=[dh]，如jump中的j。——原注

16 安珀汗已婚——原注。

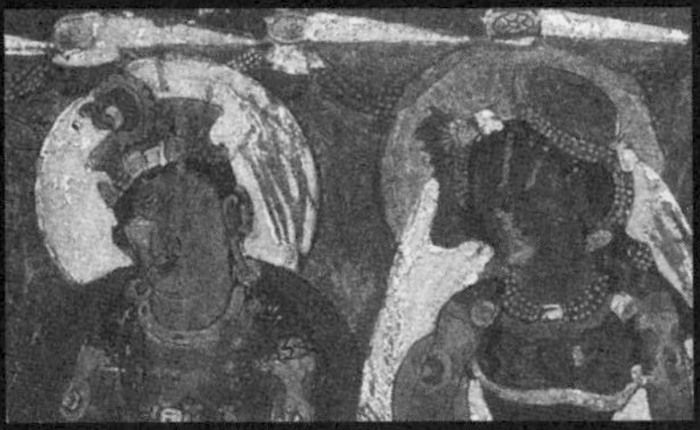

第四章

在哈拉和卓的工作與生活（之二）

生活記趣

關於在哈拉和卓的生活，我還得叨述一番。

我們的屋子十分寬敞，一如波斯式房屋慣見的，沿牆四周有高起的土台，土台有些地方中空，可以從外頭燒炭加熱。不過，我們並不這麼做，因為這樣容易產生煤煙，所以我們還是在爐子裡燒煤。在吐魯番，接近地表的淺層就有煤層露頭，當地人稱之為「塔須寇莫爾」（tash komur，石灰）。哈密的煤田分布更廣，當地人往往帶著圓鍬桶子摸黑到煤層露頭處挖掘，雖然煤礦屬王室財產，不過哈密居民還是照挖不誤。

雖然燒煤，但在冬夜裡，仍然冷得令人難以成眠。

我的暗房設在城牆內的舊通道中，在暗房只要有一些紙堆沒整理丟棄，我就常會聽到有東西在紙堆裡鑽動的聲音。有次我小心翼翼地匍匐前行，竟然發現是幾隻刺猬在裡面築窩。我把牠們逮個正著，並且送到柏林，馬昔教授（Professor Matschie）認出，牠們是一種在世界其他地方已經絕跡的品種。

暗房中另一個可愛的訪客，是一隻活蹦亂跳的小跳鼠，牠常從牆角探頭出來四下張望，用一雙大黑眼頗信任地瞪著我直瞧。

有天傍晚我正在院子裡應診時——大概是四月左右——我忽然聽到一陣呼呼聲從天而降，接著劈哩啪啦地落下了一堆深褐色的昆蟲，霎時間落得院子裡滿地都是。房東一家人和病患趕緊前來撲殺，一下子泥土地上密密麻麻地蓋滿了牠們被踩扁的屍身。

這些身長四到六吋的巨形螻蟻危害莊稼，當地人視之為寇仇大敵，也難怪他們會如此急忙地加以撲殺。

生活大不易。有一陣子我們喝茶，吃烤餅、米飯拌羊油以及水果。但隨著天氣變熱，羊油也容易變餿，我們不得不放棄這種主食。而水果，特別是杏子，是中看不中吃的，下肚後常會引起腸胃不適。

為了和當地居民溝通，我必須懂得他們的語言。多虧我懂一些奧斯曼語（Osmanli），出發前在哈特曼教授（Professor M. Hartmann）的指導下，我又很快地熟悉了比較簡單的東突厥語語法[1]。

在哈拉和卓，我請了一位會寫字的農夫來當我的老師，名叫阿布爾・馬赫迪（Abu'l

Mahdī）。每天晚餐後，他就來為我上課。他常讓我聽寫一段雙語（中文和突厥文）的政府文告（雖然政府明令禁止，他們依然打破牆壁，取出藏在其中的文告）以及突厥文書信。不久，郡王為我送來了一本中國刑法的突厥文譯本，就是所謂的「利基塔比」（Li kitābī）；一名吐魯番大夫也送我一本醫藥手冊，叫做「提伯基塔比」（Tibb kitābī）。我花了許多時間翻譯這兩本書。

稍後，我的語文老師讓我聽寫一些民謠。我發現其中幾乎沒有關於軍事武備的歌謠。僅有少數是一些譏諷阿古柏事件中敗將的諷刺詩，其他的一律是情詩，愛情在這個民族的生活中占了極其重要的地位。

就這樣，我熟悉了這種語言的聲音，在努力不輟地學習後，我學會了「說」，以及更困難的「聽」。

巴圖斯諳熟突厥語中最重要的一些字眼，其他的，他則用下日耳曼語（plattdeutsch）和土人溝通，由於他見聞廣博，所以到處都能溝通無礙。當我們八月中旬離開這座城鎮時，這些年輕人都能說一些尚能達意的下日耳曼方言。

二月底，寒冬消歇，春暖花開，兒童也脫去皮襖，四處玩耍。小男生一絲不掛、滿身灰塵（他們不洗澡，據說可以辟邪）；小女生則穿著宛似我們睡衣的小紅衣。

我們發現大部分兒童皮膚白皙，其他則呈玉米黃色或巧克力棕色；白皮膚的是歐洲種，膚色較暗的則是東亞種。

我們和小朋友玩成一片。我的口袋裡滿是葡萄乾和糖果，不論我走到那裡，總有一些可愛的小傢伙圍上來要糖吃。我用從柏林帶來的舊報紙折了一頂船形帽，上面插一管公雞羽毛，將它戴在我最疼愛的小朋友頭上。之後，所有的小朋友就全吵著要有一頂這樣的帽子，於是我選了其中一個男孩，仔細教會他製作方法，於是沒多久，每個小男生、小女生頭上都頂了這麼一頂公雞帽，得意地在街道上走著。

在當地住了一段時間之後，有一天，喀孜（Kasi）[2]和一名地位崇高的阿訇（Achund）來找我們，阿訇對我們說：「你們兩人單身獨居不好，你們必須成親。」我回答說：「我們已經結婚了。」他又說：「沒錯，可是你們的妻子遠在數千里之外，所以你們在這裡必須成親。村長和我的女兒都準備嫁給你們。」這讓我們很為難。我們該如何婉拒他們又不傷他們感情呢？於是我先謝謝他們的好意，然後說：「朋友，你們知道這裡有清廷的偵探（sinchi），每星期會把我們的一舉一動報告給駐北京的大使（ilchi），大使再將報告轉給在柏林的威廉大帝（Gillehallim，此為William的當地拼音）。根據我們的法律規定，我們只能結婚一次，如果皇帝知道我們又在這裡成親，你猜我們會怎麼樣？」他們捻捻鬍鬚說：「不知道。」接著我解釋說，如果我們犯了重婚罪，我們會被打二十五「大棍」。他們對我們的野蠻行徑大表驚訝，離開時還深表同情之意。在哈拉和卓，我們被視為是層次較高的回教徒，總有人以阿拉伯文問候我們平安，我們也小心不去干犯法律。

當地人不太懂得先知的教導，奇怪的是，他們仇視和他們信仰相同卻說中文的東干回人遠勝於中國人。他們容許女兒嫁給中國人（Khitai）[3]，卻絕不許她們嫁給東干回人，他們也從不踏進東干回人的禮拜堂。突厥人和東干回人彼此相輕相鄙。儘管回教准許一夫多妻，在土耳其斯坦要享齊人之福卻不容易。

就在此時，應魯克沁王之請，伴隨阿布都薩伊德和卓（Abdu-s-Sa'id Khojam）前往喀什噶爾的馬馬息特（Mamasit）——魯克沁管水的人（米拉伯），從喀什噶爾回來了。阿布都薩伊德和卓是昔日在南疆世代為王的和卓家族的末代王孫，這個嗜血家族的王孫在北京的牢獄中長大，所以並不通曉突厥文。他只懂中文，不過卻能背誦可蘭經。清廷見他不具威脅，於是同意他在祖先的土地上化緣。據說他從信眾中化到了二萬「薩爾」（Sar）

（將近三千五百英鎊）。在他返家途中，我曾在哈拉和卓見了他一面，當時他正是由米拉伯護衛著。

馬馬息特又叫穆罕默德・沙依特（Mahammad Sayid），他在當地習俗的允許下，在喀什噶爾娶了兩個太太，但沒有帶她們回來。當他返抵老家哈拉和卓時，他的正室阿夷嫩薩（Āi-en-nissā，意為「月之妻」）不讓他進門。她邊抽他鞭子邊說「去找你喀什噶爾的女人」，然後碰地一聲把門甩上。傍晚時，他愁眉苦臉地來找我，告訴我他的遭遇。我說：「朋友，你從安集延與和闐帶了那麼多捆上等的絲綢棉布、紅布和美麗的小東西，就挑幾樣稱眼的送給你老婆吧！」這一招果然奏效，第二天兩人就和好如初了。

從這件插曲中可以看出，該地的女人雖然出門時蒙頭遮面的，在家裡卻能主宰老公。

正如我曾提及，巴圖斯是這裡的萬人迷。他天性開朗，力大無窮，個性隨和，很贏得當地人的喜愛，我也經常被他逗得開懷大笑。

有一天，我對他說：「巴圖斯先生，我們帶了一罐曬乾的覆盆子，專治腹瀉，但是甲蟲跑進罐子裡去了，你去把覆盆子倒掉，罐子留下來裝經文寫本。」

第二天，巴圖斯帶了一捆保存完好的舊手稿給我，我問他這些「卡噶茲」（kaghaz）[4]

是從哪裡弄來的，他說：「醫生大人，我昨天要倒掉那罐頭時，正好碰上一群老先生。他們問我手裡拿的是什麼，我說是一種能讓人返老還童的靈丹妙藥。他們都希望吃一些，於是我要求他們拿經文寫本來換，結果你看，我立刻弄到了這麼一大捆。我把罐頭給了他們，結果今天他們回來，還想再多要些來吃。他們把覆盆子連同甲蟲一併吃下肚，還說靈得很。」

在我們出發前往哈密的前一天，還發生了一件趣事。當時我坐在房裡，正在整理帳目，好向財務委員會報帳。整理帳目是件令人頭痛的事。我面前擺了俄國紙鈔、銀幣、金幣、中國銀幣、銅幣、紙幣和當地紙鈔，更正確的說，應叫做絹錢。絹錢是一張寬四吋長六吋的絹油布，上面蓋著朱紅色的政府官印。另外，我還有一些銀錠，它們的四角都被切掉，並秤重測量過。這些貨幣的匯率幾乎每天都在變動。

我正忙得心裡煩悶，而巴圖斯也在院子裡埋頭苦幹時，來了幾位村裡德高望重的長老。他們見了我就說：「先生，你們就要走了，你們在這裡有好一陣子，也幫了我們很多忙。你們不收分文地醫治了許多百姓。可惜的是你們不肯娶我們的女兒。但你們為人可敬可重，我們真的很遺憾你們馬上要走了。現在我們唯一的願望是，將來若再有人從威廉大帝的宮廷裡來，我們希望能依柏林宮廷的禮儀來稱呼他們，所以希望你能教我們如何稱呼。」對於這個要求，我沉吟了半晌，之後我先婉言謝謝他們的好意，然後表示，因為我們馬上就要動身了，我現在正在忙，所以柏林宮廷中的稱呼和禮儀，只好請我的「英雄」（巴圖斯）來教他們了。

我向他們行禮致敬後，請他們出去，並向巴圖斯喊道：「巴圖斯先生，這些老先生想知道柏林宮廷的君臣相稱禮儀。」巴圖斯答道：「我馬上來教他們。」接著我回頭繼續作帳，當工作告一段落時，我仍然聽見外面命令聲不絕於耳。你瞧！巴圖斯把這十五名老先生排成三人一排的五個縱隊。這支隊伍一下子向右鞠躬，口中高喊：「早安！老飯桶！」接著又一起向左鞠躬，高喊：「早安！老酒鬼！」

這一景實在太滑稽可笑，讓我忍不住大笑不已。但是，最後這群老先生滿心歡喜地離開了。六年後格倫威德爾來到此地，當地人便照巴圖斯教的這一套規矩行宮廷禮儀，滿嘴「酒囊飯桶」！

工作成果

我們探索了古城內的多處古蹟，其中包括東城門西南的一處雄偉的台階式金字塔（見圖8）。塔前有占地達二十多碼的空地，早期神龕裡放了許多漆金或彩繪的大型佛像。佛像身上的金飾，是用厚實的金片一片片貼上去的，甚至有些牆上也貼有金片。只是有些金片已被人用軍刀鏟去，但還是有些地方逃過一劫。另外，在阿斯塔那附近，也發現了一座類似的台階式金字塔，只是台階較不明顯。事實上，「阿斯塔那」便是依這座金字塔命名的，因為波斯文中的「astana」即是安息處的意思，也指聖人的墳塚。此外，在魯克沁東北方的斯爾克普，也發現類似但無台階的金字塔。在這座建築的神龕裡，仍保存了一些佛像（見圖29）。

此外，在斯爾克普的金字塔，我們也發現了一些由黑色砂石作成、頗為不俗的容器。

在高昌古城的其餘遺址中，我們也發現了大量印度文獻，可惜大多已遭毀損，紙張破損得十分厲害，每一張小紙片上只有一個印度那伽里（Indian Nagari）字母。這是佛教法難的結果。

值得一提的是，在同一座廟裡居然發現該區四種宗教的文獻，看來佛教、基督教、摩尼教與祆教徒似乎共用一間禮拜堂。假如我們的推斷正確的話，這個發現說明了當地宗教兼容並蓄的氣氛，以及回鶻突厥王的強大政治力量。

被格倫威德爾編為「伽瑪遺蹟」（gamma，即遺址T）的舍利塔，十分引人注目。這座高聳的舍利塔，塔身造形優美，保存完好，其中極有可能藏有奉獻畫。但我們實在下不了拆塔的決心。在其他遺蹟中，則發現了一些高窄拱門，與泰西封薩珊尼王朝宮殿中的拱門相仿。我自始至終不明白這些拱門的用途（見圖10）。

儘管這項結論不該被過分強調，我們還是發現，所有的遺蹟不是波斯式便是印度式，雖然中國人在高昌故城統治過一段頗長的時期，這裡卻沒有絲毫中式建築式樣的存在。

我們同時也順利地在古城外的廟宇中發現了古物文獻。在河東，有一處位於橋梁以南、渡口以北的古蹟，也引起了我們的興趣，我們發現牆上有因年代久遠、風吹日曬而斑駁的水彩圖畫，畫的內容則是一名騎士手持長槍，胸前繡有十字架。可惜只有輪廓線條還保存完整，塗底已經全毀，拯救無望。這面牆其實有些不尋常，它是外牆，繞屋一匝，四面各有一層內牆將壁畫擋住。這種整建的目的——在我國，只會在舊壁畫上刷一層新油彩——可能是把原廟改建成祭祀同一宗教不同神祇的新廟。摩尼教禮拜堂和基督教堂，也有可能被以此種方式改建為其他宗教的廟宇。

前面我們已經描述過摩尼的畫像如何被內牆遮掩。這個小祠顯然原屬基督教或景教，但現在已經被四面新砌的內牆改建為其他宗教的廟宇。不過，拆毀新牆後，舊牆上的壁畫也只賸少處殘留，因為溶化的雪水會從兩牆之間的空隙滲入，破壞大部分的壁畫。但我們依稀還能分辨出，壁畫上有一名拜占庭祭師，手上握有香爐與聖水容器，站在一排畫得較小、手持樹枝的三個人面前（見圖17）。

在這群人身後可以看見一匹馬的前腿，顯然祭司在執禮時，他的坐騎正朝他走來。這名祭司既非佛教也非摩尼教僧侶，這可從他的僧袍上看出。也許，此畫的題材是「聖棕樹節」[5]。但無論如何，畫風顯然受西風影響，屬於犍陀羅藝術之後的風格。

在往吐峪溝的路上，有兩處格倫威德爾用俄文字母標示為「遺址Z」與「遺址B」的遺址。

第一處遺址有幾間小禮拜堂，內有趺坐的佛像，其中幾尊頗為高大。有些回鶻式的壁畫仍殘留牆上，但已經過後人修改。

在禮拜堂東側牆上，我們發現涅槃臥佛雕像的底座，頗為龐大，可惜佛陀像已遭摧毀。

在底座前，刷有一層薄薄的灰泥，以保護其下的古壁畫。我們抹去灰泥，壁畫依然完好如初。畫的內容是數個比丘，畫風則是倣羅馬式的。

我們在標示為「遺跡B」的遺址上也有重大發現，那兒的舊壁畫上被塗了一層晚期佛教（密宗）的裝飾畫（大約是在十三世紀）。事實上，當回鶻帝國國力到達巔峰時，這種破壞古蹟的翻修工作，更是如火如荼地進行著。

牆的東側有一面門，門口的右手邊新牆的內裡，有一尊將近五呎高的佛菩薩軀幹（見圖20）。

雕像的上半身被牢固的木栓釘死在牆上，但毀損嚴重，不但頭和肩膀早已不翼而飛，融化的雪水和暴雨——此地雖極少下雨，但一下就是傾盆大雨——也將泥漿沖刷到雕像的上半身，毀去了大半的顏色。

座基則是一個半圓形的蓮花座，蓮葉可能是紅色白邊，蓮蓬可能原本是漆成綠色的，但今天看來只能看見些許的白底。在荷葉底下的邊緣則是石膏做的，這是一種製造雕像的基本配備。腳部塑得並不好，而且被雕塑本身的重量壓得有點變形，並貼了一些未經燒烤的磁磚。腳趾突出基座的邊緣，更是一大敗筆。

雕塑本身神似犍陀羅藝術。披衣摺痕以高貴的線條流瀉下來，顯示尚未受到東亞藝術家曲解古典藝術的戕害。更值得一提的是那些從肩膀或手臂披掛下來的摺痕。它的手臂雖已不翼而飛，但顯然原來是呈平舉的授業動作。大摺痕上有不少綠色顏料的殘留痕跡，應該是罩衫的一部分。罩衫的下襬緊包著軀幹，摺疊成曲線優美的皺摺。雕像上的彩繪，一直到膝蓋處已毀損，但顏料中的紅棕色素仍然依稀可見。從膝蓋到摺邊依舊保留五顏六色的彩繪。它穿兩件襯衣。第一件襯衣目前只賸一片三角形的紅塊，夾在左側罩衫的皺摺間，第二件藍色襯衣則在外衣下襬露出一截。

這尊純粹犍陀羅式的佛像讓我大惑不解，我們想不透的是，為何希臘古典藝術在雕塑中得以原形重現，卻在繪畫中因融會東亞畫風而變形。然而，保留希臘化時期風格的雕塑，卻不是只此一尊。首梯遠征隊也發現了一些希臘風的頭像，我們在別處也發現不少例子。反觀壁畫上的佛像，佛像袈裟的褶痕，已扭曲了希臘化時期的風格，而佛陀五官也類似晚期中國畫中的東亞人臉孔。雕塑與壁畫年代相同，何以有如此風格上的差異？

當時我們並不知道，南疆的雕塑是用灌模的方式鑄成。直到第三梯次遠征隊來到此地，我們才在克孜爾的工作坊中發現了灰泥做的鑄模，而在碩爾楚克的工作坊中，巴圖斯也成功地在類似的工作坊中挖掘出三十個這種鑄模。這次的發現為我們解開謎底。原來這些雕像是以這些模子重複製造，模子若是破損或老舊，新的模子也同樣塑造成舊模子的模樣，所以這些雕像製造的時間雖有先後之別，卻是出於同一個模子[6]。

在突厥人入主南疆後，由於民族融合，血統益形複雜，漸漸地當地人對美的概念也有所改變。由九世紀的頭像看來，那時的鑄模已改變成東亞形態，眼睛較為突出，眉毛與上下眼瞼的曲線也較傾斜，鼻梁較短，典型的希臘髮式也變成東亞人的直硬髮。由於薩珊尼王朝阻斷了通往希臘化文化地區的通路，只有少數富商與僧侶輾轉來到南疆。而另一方面，通往東亞的路徑卻暢行無阻，於是東亞人、突厥人和中國人先後抵達南疆，混血情形越加普遍。

如果畫師收了一個混血學徒，他的畫室裡自然會產生不同風格的畫作，這也是繪畫形態改變得比雕塑形態更快的原因。不過，有些繪畫如同雕塑一樣也可以機械生產。我們就發現有些壁畫是以紙作的鏤花模板繪成。此外（除了在牆上作畫之外），也有在亞麻布、波梅利亞布[7]、絹帛、紙張和厚紙板上作畫的。方法是先以繪有圖案的蠟紙貼在牆上或上述各種材料上，用以約略描出輪廓線來，再將蠟紙上的輪廓打齒孔，黏貼在牆壁上。再以裝有木炭的多孔袋在上面滾動塗抹，牆上便留下炭黑的輪廓線，之後再上色。畫師熟能生巧，幾乎不需範本臨摹。他們揮灑顏料畫下早已熟悉的神像與羅漢像，其熟稔的程度一如中國書法家之揮毫成章。

在編號「遺跡Z」與「遺跡B」的兩間寺廟南方有兩處墓葬群，它們是波斯式的圓頂建築，當地現在仍用波斯文「拱北」（gumbaz）稱呼這種建築。其中有許多建築的屋頂是由雙層圓頂構成的（見圖28）[8]。

在其中的一處墳塚，我們發現了一種至今仍為南疆少女所穿戴的小帽。小帽上血跡斑斑，很顯然小帽的主人當初因為逃難而躲在墓穴裡，但最後仍然慘遭殺害。小帽的年代屬於佛教時期，因為上面繪有佛教神話中的鳥禽「迦盧荼」[9]。

【注釋】

1 奧斯曼語就是今天土耳其語的前身，屬阿爾泰語系突厥語族的西支，而東突厥語就是指維吾爾語，是阿爾泰語系突厥語族的東支，兩者非常接近，語彙有近百分之七十相同，語法也很接近，奧斯曼語與東突厥語的關係，就好像北平話與客家話的關係是一樣的，兩者可以互通。——審注

2 喀孜：回教經典裁判之大阿洪，即回教的法官。——審注

3 俄國人稱中國人為Khitai，此處作者的原意應指漢人。——審注

4 卡噶茲：突厥人以阿拉伯文的「chatt」（文書），或波斯文的「kaghaz」（紙張）來稱呼文獻古籍。——原注

5 聖棕樹節（Palm Sunday）：復活節的星期日；基督進入耶路撒冷的紀念日。

6 由於南疆不產石材，鑄模以泥土混和動物毛、植物纖維或稻草稈做成。在西部地區有時也用灰泥。臉、耳、耳環、手臂、腿、手掌、足及身體各部位都是分別以不同的鑄模鑄成。一尊塑像乃是由各部分組合而成，不是很厚的部分則充填蘆葦紮後曬乾。各部分由小木栓或草繩接合。塑像通常只塑半面，背面塗上一層壚坶，以檉柳釘釘死在牆上。正面磨光，接合處填實後，一整尊塑像再抹上一層黏土，上面加上一層薄薄的灰泥，以水彩上色，最後再貼上一層金片。——原注

7 波梅利亞（boehmeria）：是一種由苧麻纖維做成的材料。——原注

8 參考維拉德（U. Monneret de Villard）所著《裝飾性建築與藝術》（*Architettura e Arti decorative*，米蘭，一九二一）一書中的〈波斯式雙層穹窿頂之濫觴〉（Origine della doppia Cupola persiana）。——原注

9 迦盧茶（garuda）：也譯作金翅鳥。根據印度神話的傳說，迦盧茶為太陽神所騎之鳥，為一種形狀像鳶的金翅鳥。

第五章

勝金口、柏孜克里克、七康湖與吐峪溝石窟群

我們成功地在高昌古城的幾座寺廟找到一些壁畫，巴圖斯並且以他精妙絕倫的技術，在惡劣的天候下，將壁畫鋸下來。

在寺廟周圍，每天我們都能找到一些硬幣，大多是唐朝的，也有一些年代比較久遠，屬於薩珊尼王朝時期，另外還有屬於喀什噶爾回教叛逆王子時期的硬幣。除此之外，另外有些價值不菲的帛繒絲綢、亞麻布與苧麻布，以及以二十四種字體寫成的大量經文寫本。

不過，這樣的成果還是沒有預期中理想。由於高昌古城已被我們翻遍，加上正值二月底，天氣也開始變暖和，於是我們轉移陣地，前往位於哈拉和卓以北的勝金口。突厥語稱此地為勝金「阿吉茲」（ariz）[1]，也就是勝金之「口」，是依北端一處叫做勝金的小地方命名的。

勝金口石窟群

急湍的哈拉和卓河穿過這座谷地的黃土層。這是一條神祕陰暗的山溝，河的西岸聳立著高峻陡峭的山壁，在春暖雪融時，雪水會挾帶著土石沖刷到山溝裡。雖然地勢險峻，可是山溝的左側，也就是西邊，依然矗立了一排石窟（見圖30－31）。右側的高地上則有印度的舍利塔，有些舍利塔甚至就在河岸的邊緣上。

舍利塔內藏有骨灰、假花、羅漢畫像，及許多經文抄本。我們在河灣處的一座舍利塔內，找到了許多佛教梵文經典的殘跡，還在經典殘跡內發現了一頁保存完好的手抄摩尼教經文。這個發現著實令我們匪夷所思。

在河的左岸，有十二處佛窟寺院與佛寺的遺址（它們的年代屬八到十一世紀），其中大部分是泥磚結構，不過有些挖鑿出來的寺廟，前方會有平台和其他建築。泥磚寺院無一例外地有厚重的門與敵樓作為防禦設施。整個溝谷呈現一種有點詭譎但又浪漫的氣氛。

在這些廟宇中，我們發現了兩處藏經洞，其中一個是巴圖斯在一座大寺院的禪房中找到的，這個藏經洞之大足可容納下好幾麻袋的玉米。這些經文手稿幾乎全數以早期突厥文和回鶻文寫成，經文的內容是有關迷途羔羊與忠實信徒遇上彌勒佛（Maitreya Samiti）的故事。卷末的跋指出經文是由吐火羅文譯成突厥文，同時也列出了作者大名。

稍後我們在其他地方又找到了經文中所謂的吐火羅文原本殘片，而這本「原本」的題跋中，則指出它是從梵文轉譯而來的。

第二個藏經洞是我進入編號十的廟宇時，幸運地在廟前平台上的附屬小祠中發現的。洞中所藏泰半是佛教故事傳說的突厥文譯本。

此外，我們還不時尋獲一些摩尼教與佛教經文的寫本，但有件事卻讓我們很不高興。當時，我們正毫無所獲地在山溝入口一個叫做「群星佛窟」（第六號佛窟）的地方挖掘。結果我們發現河的對岸，有兩名老婦也在不成形的土墩中挖寶。這些土墩外表看起來好像只是黃土堆，但有一堆挖開後卻是一座傾頹的舍利塔。結果她們當著我們的面，掘出一些夜叉頭像，以及大量吐火羅文寫本和以梵文寫成的佛經寫本。毫無所獲的我們不得不高價收買，花九先令收購了大約一百張的完好寫本。

在哈拉和卓古城和勝金口兩地，我們的發現雖然不少，但仍不符出資贊助此行的人的希望。皮謝爾（Pischel）領事不時來信，問我們是否已經尋獲了大批寫本、雕塑與壁畫。他堅信我們應該大有斬獲，但照目前的情形看來，我們恐怕要讓他大失所望了。

格倫威德爾則要求我不要動手挖掘位於木頭溝的大型寺院，而把這處遺址留給他；但他究竟來不來，每封信說得都不一樣，一會兒說正要動身，一會兒又說還沒決定，我的工作行程也因此而無法排定。最後他終於來信說他決定不來了。這時，為了不白跑一趟，我只好決定動身前往木頭溝遺址去鋸下其中一幅大壁畫。因此，我們即刻動身。

柏孜克里克——裝飾之城

要到木頭溝，遊人必須沿勝金口向北行，直到木頭溝河注入勝金深谷處，然後攀爬河右岸的黃土高坡，沿著坡頂的一條羊腸小徑，來到木頭溝村南方的柏孜克里克大型屯墾區（東突厥文中，柏孜克里克意為裝飾之城）。我們來到了屯墾區，卻看不到房舍，只發現一座廟，但廟前砌了一面土牆，有些牆面尚未傾頹。土牆的功能是遮蔽寺廟，不讓寺廟被來往旅客發現。很明顯地，在此地清修的僧侶，竭盡所能地保持佛門淨地的清靜，不受紅塵喧囂干擾。

接著路面漸漸開闊，直到一處平坦的沙地，沙地後方則是起起伏伏、奇形怪狀的岡巒。我們即使從山丘頂上，也無法看到寺院。因為寺院坐落的平台，位於沙丘邊緣下十碼、河床上十碼的一處馬蹄形河灣的岸邊上。除非旅人非常靠近河岸邊緣，否則是無法看到平台上的寺院建築的。

在這建築群的頭尾兩端，本來各有過一座圓頂建築，但目前僅存頂上的一座，而且泰半已傾頹毀壞，不過還是可以走上去。它有一道狹仄的階梯通向平台。在以前，這兩座建築的上方，也許正是進入這石窟群的入口（見圖32－35）。

主要的平台位於建築群的北面，北端有一處大寺院，其中有許多禪房。沿著河道南行有一排寺廟，廟身蓋滿了從背後山脈黃土層上吹下來的沙，只露出從日積月累的沙堆中突出的一些穹窿頂和牆角。

這些建築——毫無疑問地，在早期是由木材結構相連結——其中有的是石材結構，有些則是在泥土層或軟岩層中開鑿出來的石窟。此外，和勝金口的建築相仿，有些建築是前兩者的混合體，前廳則是泥磚結構。

目前現存的石窟總數將近一百座，其中南側的大部分石窟早已淪為牧羊人的蝸居地，窟裡的壁畫也都被黑煙薰黑了。所以，我們只有在那些完全被沙堆掩埋的石窟中，才可能有所斬獲。在發現這個道理後，我們決定把被牧羊人破壞的石窟收拾清理一番，作為我們的營地。

隨後，我們開始動工。

這時，吐魯番總督府的信差帶來了一封皮謝爾給我的信，他在信中表示，殷殷盼望我們能滿載而歸。但到目前為止，我們實在沒有什麼足與外人道的成績。不過，有一天，幸運之神終於眷顧垂青我們了。當時我們正在開鑿一處大窟，正進展到正殿前的山門，殿內的壁畫已完全剝落毀損，只能依稀看見輪廓線。

正殿四周的迴廊還存在著，但地板到牆頭卻堆了一層厚厚的沙。我費力地爬到左側走廊的沙堆上，沙堆在我的重壓下寸寸崩裂瓦解，於是我不斷地在原地踏步，想將沙堆踏平。

突然間，像是變魔術一般，我左右兩側的牆上赫然出現了金碧輝煌、耀眼奪目的壁畫，色澤之鮮明亮麗，猶如畫師才剛放下彩筆。

我欣喜若狂，舉起帽來興奮地揮動，並高喊正在另一側工作的巴圖斯前來觀看。我們握手互相道賀。只要我們能把這些壁畫運走，此行肯定是功德圓滿，大功告成。

我們小心翼翼地清掉沙子。發現在走廊入口處的兩側牆壁上，各有一幅比真人大的僧侶畫像。

在左側走廊的兩側，也有著黃袍的印度教僧侶畫像，他們的姓名以中亞的婆羅迷文字寫成。而在右側走廊的右牆上，有一幅三名著紫袍的東亞僧侶畫像，左牆上則是三名著黃袍的印度僧侶畫像。

這些人物的頭上各有一塊小名牌。印度僧侶的姓名以印度文寫成，東亞僧侶的姓名則以中文或回鶻文寫成。

有趣的是，在突厥人勢力達於巔峰之時建這些寺廟的突厥人，並不滿足於只用模板來複製人像的臉龐，而是有明顯的證據，證明彼等曾嘗試把所有要畫的人物面部加以個性化——換句話說，就是人物的寫實。（見圖38–39）。

在較早期的印度／亞利安畫作中，像這種表現人物個性的嘗試，是絕對看不到的。印度／亞利安畫作中人像的五官，全是一個模子出來的，然後再題上一行字，標明這是X、Y或Z騎士。

由於在品質上，早期作品遠遠凌駕晚期作品，因此早期人像這種欠缺個性的表現，便顯得格外引人注意。相較之下，晚期作品的特色則是融合了多種藝術風格。

我們繼續清理走廊上的沙堆，陸陸續續在十三呎高的牆面上，發現十五幅年代各不相同的大型佛像，較長的外牆上，每面各有三幅，走廊旁較短的內牆則每面各有兩幅。內容有傳統印度神話打扮的印度王子和披虎皮打綁腿的婆羅門在佛陀前頂禮膜拜，或是身著傳統服裝的土著執禮來朝，最後者大為增加這些壁畫的價值。

畫上還有些一望便知的波斯人，頭戴花翎帽或包頭巾。他們有鷹鉤鼻，頭髮褐中帶紅，碧眼或藍眼。

此外，畫中格外引人注目的是紅髮藍眼的歐洲人像。我們推斷這些人與在此發現的經本中常見的某種亞利安語有關，稍後我們證實那是吐火羅語。這些金髮人像的腰帶下掛兩條褲帶，繫住高筒軟靴的開口，就我所知，由這種打扮所反應的民族學上的特色，在沿天山到蒙古高原一帶的墳塚都可看見，但除此以外，只有南俄草原與克里米亞的斯基泰墳塚上，有類似打扮的石像。

這些墳塚的年代與南俄羅斯的「庫爾干」（kurgans，俄文，意即墳塚），同屬青銅器時期。我認為，這些南西伯利亞與蒙古高原的墳塚標示出，紀元前印歐民族遷移至中國的路徑。

另外，有一型人像僅出現過一次。人像上具有顯著的閃族特色，所以必然屬於敘利亞人中的景教徒。他們在吐魯番以北的山脊上挖了許多石窟，畫像上的人物顯然是後來皈依佛教的景教徒。

清理好大廟正殿後，我們測量了它的面積，大約是二又四分之一平方碼。牆高雖僅有一又二分之一碼，卻勢足以抵擋住狂風的威力；牆邊則堆積了一層層經年累月吹來的沙，正是這層厚沙保護了牆上的壁畫。

這些壁畫極具藝術價值。正對著門的牆上壁畫，畫有一方池塘，池中有一株枝枒交錯的菩提樹，樹旁有龍看護，樹頂上則是觀世音（Avalokitesvara）蓮座。

現在畫中的蓮座部分已不復存在，但在池子左右兩側仍各有一面目猙獰的六手惡鬼，張牙舞爪地恐嚇著向他們跪地求饒的兩個豬頭象頭小鬼。池塘左側則畫有拄著枴杖、憤然頓足的婆羅門，由身旁披著虎皮的信徒攙扶著。

這景像不免讓人假設，壁畫的內容是婆羅門與觀世音菩薩辯論經義、不幸落敗的場景。

壁畫的上端有一列印度教的神祇相從相隨，再上去的畫面則蕩然無存。正殿左廂的壁畫則是一個國王騎著白色駿馬出獵，國王身後簇擁著一隊甲士與朝臣。書記官執硯台筆墨站在角落。

在正殿右廂有一幅怪異的圖畫，內容是迦盧荼——一種印度神話中人身鳥頭鳥翅鳥爪的怪物——因攫走孩童被人追殺。被攫的孩童已經獲救，迦盧荼則被弓箭手和擲套索者抓住。

我們有理由相信這些畫的題材，是萊奧卡雷斯（Leochares）[2]《該尼墨得斯與鷹》（*Ganymede group*）[3]的東亞翻版。

最後，在畫的四角畫有穿著鎧甲的四大天王，身旁隨侍著凶神惡煞。

在正殿大門的左右牆上，各有諸多回鶻／突厥的供養人畫像。皇室男女分別羅列於兩側，人像旁的名牌上，至今仍依稀可見以回鶻文寫成的姓名。原本有三列人像，層層相疊，大門一側最下層是郡王的畫像（約真人一半大小），另一側則是郡主畫像，其上各有二男二女，更上層則有三男三女。可惜的是，最上層的三男三女畫像，不如第二層的二男二女像保存得完整。我們用盡各種方法，才成功地將這些人像鋸下來，並且在經過長達二十個月的舟車勞頓後，安全抵達柏林博物館，他們占滿了整間展覽館。這是少數整座石窟壁畫被搬回柏林的例子之一（見圖42）。

山區的空氣較吐魯番流通，我們日出而作，日入而息，不速之客的干擾也比較少。但我們還是有兩次不愉快的經驗。

石窟背後的崇山峻嶺一片雪白，但在東升旭日與落日餘暉照耀下，總會呈現耀眼的紅色。山前堆積一座有稜有角的黑色沙丘，其下展開一片金光閃閃的黃土平原。

但當月亮出來時，山色與黃土平原的顏色會有戲劇性的變化。山峰呈藍紫色，黑色沙丘綠中帶著金光，而黃土平原則隨著月色的明暗變化，幻化出奇妙的色彩，時紅、時紫、時藍、時黑。這樣一支五顏六色的夢幻交響曲，是我平生僅見的奇觀。

在這樣的月夜，我們雖然歷經一天的疲勞，卻輾轉難眠，因為白天的經驗與印象過於深刻，使我們遲遲無法成眠。

當大地萬籟俱寂時，潺潺溪水在山溝裡與岩石相激的潑灑聲，聽起來像是一陣陣的訕笑。儘管此地的美令人難以置信，更難以言傳，但在絕美中仍不失一股神祕淒涼的氣氛。我們頓時明瞭，何以此地的石窟裡總少不了面目猙獰的惡鬼畫像。有一次，就在這樣萬籟俱寂的漫漫長夜裡，驀地響起一陣陰森森的鬼哭神嚎，彷彿鬼門大開、群鬼出籠。我們大驚失色，從床上跳起，抓起來福槍，衝到陽台上，竟看見馬蹄形峽谷中狼群遍布，牠們正對月長嚎，令我們聽了不寒而慄。

我們的僕役趕忙上前，安慰我們說：「先生，別害怕，牠們不會傷人。」事實果真如此，我們開了幾槍，打死其中一匹狼，狼群便一哄而散。這種情景後來又發生過一次，不過，這一次我們就不害怕了。

狼就像這裡的西部與北部——特別是在石河子和綏來（又稱瑪納斯）一帶，以及巴楚和羅布泊附近——的老虎一樣，是不會傷人的。

我只聽說過一次狼吃人的故事。故事發生在哈拉和卓一位十二歲不幸少女的身上——我們還認得這位身世淒涼的小女孩——她因為被逼著嫁給一個六十歲的老頭子，所以橫越沙漠打算逃到魯克沁，結果在半路上一處泉水旁的榆樹下歇腳小憩時，不幸在睡夢中遭到狼群的攻擊。稍後人們只找到她血跡斑斑的衣裳碎片與長筒靴，靴子裡還有她半截的腿。

在柏孜克里克的工作告一段落後，我的膝蓋被馬踢成重傷，足足有十天不能騎馬，走路也得拄著枴杖。黃昏時分，在我研讀突厥文後，我總不忘以我極其熟稔的波斯文、阿拉伯文、德文、拉丁文、希臘文與其他歐語的諺語詩詞，寫在紙片上來妝點我的房間。我在房門口寫了幾個大字：「土匪窩」。

結果我貼滿裝飾文字的房間，成了房東賺外快的財源。他竟然收門票領人前來參觀，來參觀的人當中，還包括一名逃出日軍俘虜營的德國海軍中將！

魯克沁王聽說我膝蓋受傷的不幸遭遇，前來央求我把高大雄壯的駿馬給他，以便拉他的御駕。由於這匹馬騎來並不是很舒服，而郡王又願意送我一匹種馬作為交換，於是我就同意了。我很高興能有機會甩掉我的駿馬，換匹種馬來騎騎。郡王送來一匹體形壯碩的高頭大馬，牠後來在當地被叫做「穹阿特」（chong at，意為「大馬」）。牠是一匹紅棕色的快馬，同時也是一匹溜蹄馬[4]。牠溜蹄一步，別的馬就要四蹄飛奔才趕得上。和我以前高舉蹄的灰馬相較，現在的新坐騎可說是名副其實的搖椅。過去被視為是每日苦差事的長途跋涉，現在倒成了一種享受。在我們停留吐魯番的期間，我一直都騎這匹馬，並且騎牠翻越喜馬拉雅山脈，最後才在喀什噶爾以一百五十盧比出售。

南疆人的御馬術與我們大不相同。每到一處驛站，他們會先讓小廝領著馬，繞行驛站的院落長達一小時，待馬鞍鬆脫後，再將馬首拴在木樁上，讓牠無法低頭，等到午夜才餵牠喝水、吃苜蓿和五穀（大部分是黑色玉蜀黍）。我覺得這麼做實在可笑，但又拗不過我的僕役；他們堅信，如果早點讓馬飲水的話，馬蹄就會腫脹，馬就報銷了。如果馬累得動彈不得，他們則會從馬鼻中截去一段軟骨。可是這麼做是否奏效，我就不清楚了。

七康湖石窟群

在木頭溝附近，也就是柏孜克里克村與勝金口前半段之間，在山脈西側有一處名叫七康湖的小聚落。我們在第一次前往木頭溝路上發現它的位置，並在凜冽寒風中，在當地工作了幾天。這個聚落是由大湖邊一處山溝中的成列石窟所構成。我們在湖畔與一處淺水灘的沙洲上，發現了一些佛教建築遺蹟。在挖掘後，我們發現遺蹟已遭水淹破壞，但我們還是搶救了一批觀音頭像、經文寫本與刺繡。從山溝裡的石窟中，我們還拿走了一些繪畫與壁畫，儘管大半毀損，但依舊看得出是七世紀的文物。在風格上，它們近似吐峪溝的壁畫，是吐魯番綠洲中最古老的一批畫作。我們在圓頂內側，發現了交錯的藻井（見圖74），它們不像克孜爾與克日西的藻井般鑿刻在岩層裡，而是畫在圓頂天花板上。這種樣子的藻井也在巴米安（阿富汗）和喀什米爾的宗教建築上發現過；但在喀什米爾石窟中的藻井，則明顯受了希臘藝術的影響。

藻井源於早期的木桁建築。這種木桁建築目前仍然流行於亞美尼亞、阿富汗、喀什米爾與小西藏拉達克（見圖83）。藻井後來被應用於佛教石窟中，經由土耳其斯坦傳到了中國與韓國。在中國，藻井成為一種彩繪裝飾；而在韓國，正如同在西方一樣，藻井仍被刻鏤在岩層裡。

吐峪溝石窟群

在距哈拉和卓古城東方大約十三英里處，有一條山谷。山谷低處寬廣，但谷道隨即緊束，通向一處崎嶇不毛的高地荒漠，令人望之卻步。山谷向北蜿蜒進入山區，然後向西急轉彎，之後再次向北，最後緊縮至不容一車通行的一線天，駕車行於其間，不禁覺得宛如在溪床上行走。

把這個地方叫作吐峪（Tuyoq，即劈削而成之意），真是再恰當不過了！在山谷寬敞處，小溪分流為無數小渠道，溪水使肥沃的黃土層成為膏腴之地。吐峪村居民以栽種葡萄維生。當地生產的「吐魯番葡萄」，無子味甜，風乾後，更是世上最佳的葡萄乾。即使在距離此地一一五天行程以外的北京，此地的葡萄乾也是相當搶手的商品。

除了葡萄之外，該區也生產大量的杏子、水蜜桃、瓜類，以及一種堅硬的梨，這種梨只能在熟透時吃，風味絕佳。

河右岸矗立著一座現代清真寺——「七睡人聖廟」（見圖43）。我前往探視這座清真寺時，有人告訴我，在這座現代清真寺後的山壁裡有一座佛窟。

如同其他許多地方一樣，我們發現，回教進入南疆後，便將佛教原有的石窟據為己有。從當地居民對七睡人傳說早已耳熟能詳的情形看來，回教瓜代佛教可說是水到渠成。遺憾的是，我沒能進入石窟，因為它的入口被許多面旗幟擋死，這些旗子是阿古柏軍隊在一八六〇至一八七〇年代，從叛亂的東干回人手中搶奪過來的。

直到今天，仍有許多從南疆、印度和阿拉伯來的香客來此朝聖，其中有一名印度香客愚昧的宗教狂熱讓我深覺困擾，只好請出魯克沁王，請他離境。

由於七睡人聖廟就在哈拉和卓附近，所以這座古城又以「艾弗索斯」（Ephesus）的突厥文形式「阿普薩斯」（Apsus）命名。

溯河而上有一排石窟，右岸有些大型的舍利塔（見圖44）；盡頭處則有一處高得令人頭暈目眩的台基，其上曾有一座大型石窟寺院。它像西藏的同類建築一樣，緊貼在幾乎呈垂直的山壁上。不過，一九一六年卻因地震崩落而全毀。

在左側，也就是清真寺的對面，隆起一座小丘，上頭覆有一些遺蹟。但是，我們到達山腳時，卻發現一處風乾葡萄用的工廠。工廠牆上鑿有許多方形小口，兩兩間距相等，以流通空氣。葡萄串成一列一列，掛在水平放置的木桿上，由於空氣乾燥及高溫高熱，葡萄一下子就乾了，而又不失原味。

沿溪更往上溯，出現了更多石窟，可惜都已傾頹不可辨認，主要的建築位於山谷的最高處，恰是山嶺與溪水皆向西陡轉的位置。

我交代巴圖斯在勝金口挖掘，但由於勝金口已被翻遍，再挖也只能挖開地基，於是我整理行頭，和七睡人聖廟的「伊瑪目」（Imaum）[5]一起前往一處頗具挖掘價值的遺址探查。

果不其然，我在山坳中的大型建築裡發現寶藏了（見圖45）。在禪房入口，有一大塊從窟頂崩落入禪房中並撞破禪房牆壁的礫岩，擋在那兒。我清掉這塊易碎的軟岩後，發現這間波斯式斗室裡[6]（請參見圖95的禪房平面圖），有堆積如山的經文寫本。雖曾有人企圖焚毀這些經文，但書顯然並不好燒，這個古老明證又在此得到印證。所以，這些曾遭祿融之災的寫本，尤其是中國的書卷，只有頁緣燒焦。這些八、九世紀的寫本整整裝了兩大袋，當然，其中也混雜了一些年代較近的寫本。

當我正忙著裝寶時，巴圖斯前來找我，與我分享尋獲至寶的喜悅。

在這裡，我們也找到一些美不勝收的刺繡，還有一個圓形木製的聖骨罈，上方蓋以紅黃藍三色彩繪（見圖73）。

這位伊瑪目是我在南疆碰到過，極少數不但能誦讀也能理解阿拉伯文的人之一。我隨身帶了一本埃及版的《一千零一夜》（*Arabian Nights*），但一直找不到值得贈書的人。現在我將書送給伊瑪目，他喜出望外。

在這段期間，每晚我都會舉行招待會，請本地重要人物前來營地喝茶聊天。在清真寺下方岩塊中，有一洌甘泉湧出。在谷地燠熱的氣候中，這道沁人心脾的甘泉不啻是最佳飲料。

巴圖斯很快就轉來加入我的陣營，可是我們在接下來其他寺廟的尋寶，卻沒有什麼發現。只有在清真寺附近的舍利塔中找到一些陪葬物，其中有一大疋白布，我原以為是亞麻布，細看才曉得是苧麻布。

吐魯番盆地少雨，下一場傾盆大雨是件稀罕的事。可是當地人卻也不盼望雲霓駕臨，因為這裡不下雨則已，一下雨便是滂沱大雨，弄得溪流渠道暴漲，農作物泡湯，損失慘重，水果和穀物都因此發霉，反而損失慘重。

當我們在吐峪溝停留時，有一天下午，天色忽然無預警地暗了下來，接著暴風雨驟然來襲，大雨傾盆而下。頃刻間溪水暴漲，半小時內洪水漫過河堤，一小時內，河道已不見蹤跡，滾滾的紅棕色洪流頓時湮沒了整個溪谷。

我們那時已經將寫本打包，收在箱裡，但突然間，我們的泥土屋頂開始漏水，一條條黃泥漿從四面八方流下。我們不得不四處移動書箱，以免遭雨水侵蝕，伊瑪目和他的兒子夥同清真寺的僕役，則全力搶修漏水的屋頂。可是根本沒有用，要不是暴雨來得快、去得也快，我們的東西恐怕就要泡湯了。

不幸的是，這場暴風雨雖然短暫，卻為害甚鉅。暴漲的溪水四處為虐，田地上遍布著從山上沖刷下來的土石泥砂。

大約在哈拉和卓南方十英里處，有兩處寺院區——大、小哈薩爾城（Hasar Shahri，意為砲台城市，hasar 即阿拉伯文中的 hisar）。此地是一片荒涼貧瘠的山丘地區，據說有馬

四、駱駝出沒。

有個叫拉迪爾（Radil）的老尋寶人，告訴了我們一些曾發生在這片荒無人煙地區的尋寶軼聞趣事。這傢伙比我們的房東更滑頭，但也同樣機智幽默，只是開的玩笑很下流。

那時雖然正是炎炎夏日的六月天，我們和其他十個人依舊穿越流沙區，來到古廟遺跡區紮營。不幸的是，許多蠍子也在同一個屋簷下寄居。

水得從大老遠的坎兒井挑來（水裝在木桶裡，掛在驢子行李鞍架兩側運回），米拉伯的兒子則被委以運水的重責大任。

工作了半日，我們發現佛教在此地的流傳，是頗為晚近的事。一點鐘時，忽然颳起駭人的沙暴，同時酷熱難當。但是，我們沒水可喝，而米拉伯的兒子才趕著驢子出發不久。只要沙暴沒停，我們就得暫時放下工作，可是一停工，馬上覺得口乾舌燥。還好沙暴雖然威勢凌厲，卻很快止息。不久，米拉伯的兒子回來了，告訴大家驢子在途中摔斷了一條腿。

僕役隨即跑了出去，我相信他們晚上有驢肉加菜了。當地人嗜啖馬肉，走失的馬除非被人認出是顯赫人士養的，否則通常都是祭了五臟廟。

巴圖斯隨隊前往魯克沁，而我則橫渡沙漠前往哈拉和卓。這次，我發現沙烏特家中八十呎深井中打出來的水，竟是如此甘甜可口！

在小哈薩爾寺院遺址中，有波斯式圓頂建築與印度舍利塔，以及一些殘垣斷壁。我們沒去大哈薩爾，那地方冬天去比較恰當，因為那時可以攜帶冰塊，解決飲水的問題。後來，格倫威德爾曾命巴圖斯前往大哈薩爾挖掘，小有斬獲，但沒有預期的多。

六月間，我們得再次送走一些已裝箱的寶物。為了行旅安全起見，我央求在烏魯木齊的俄國領事出面為我關說，說服總督派給我們一名可靠的嚮導。由於我們在塞米巴拉金斯克雇用的德裔俄國僕人[7]，已經無法忍受哈拉和卓惡劣的工作環境，要求回西伯利亞，所以我帶他走，米拉伯則同行。

我們經過金迪克驛站後，為了修車不得不暫時中斷行程。我四下遊盪，無意中在驛站旁邂逅了一群羚羊，但轉瞬間牠們便消失得無影無蹤。此外，在一片高牆上，我瞧見了一些黑中帶紅白斑的長嘴鳥。

在這個達坂城的驛站裡，我們經歷了這次南疆之行唯一的一次遭竊經驗。我發現有個穿著頗為體面的高瘦年輕男子在附近徘徊，從他的言談中，我猜想是個安集延人。他不斷摸我掛在柱子上的卡賓槍與刀口鑲銀的匕首。我很不高興地叫僕役前去警告他，叫他離我的東西遠點。

在這處驛站，我們租了三間上房，其中兩間大的給僕人睡，我自己留了間小的。我在枕頭下放了一個小盒子，其中有價值六千盧布的金幣[8]，那是我打算帶到烏魯木齊去換中國貨幣的錢。結果，那晚夜裡我熟睡時，突然被我的年輕德國僕人伊萬（Iwan）搖醒，他手提燈站在床邊，聲音顫抖地說：「開槍！開槍！先生，有賊！」

我立刻彈起，帶著白朗寧手槍，跟著他衝到僕人睡的房間，結果只見房間裡一片凌亂，馬鞍、鞍布、衣服早已不翼而飛！我們不知道小偷到底從何處進入，只好把老闆叫醒，卻發現客棧的大門深鎖，馬也在馬廄裡，完全找不到一絲一毫竊賊破門而入的痕跡。其他旅人的馬也沒有遭竊。

結果，就在我們百思不解地走回僕人房間的途中，發現了沿街的牆壁被打破了一個大洞。原來竊賊是破牆而入的。這幫竊賊在弄濕泥土牆後，用劍鑿開這個大洞，然後由此進入。雖然他們在搖搖欲墜的地板上的腳步雜遝聲吵醒了米拉伯，但他們手腳伶俐，早就摸黑逃之夭夭。我爬出洞口來到街上，立即找到裝著我的頭盔的木箱，稍遠處還有我的卡其服。竊賊在發現這些東西毫無用處後，立刻將它們丟棄。除此之外，再無蛛絲馬跡可循。如果小偷來個聲東擊西，極有可能回頭來輕而易舉地偷走我的小錢箱，這些錢可能正是他們此行的目標。所以，我們用一張大桌子堵死洞口，再派人站崗，然後夥同老闆開始搜索屋內。這種客棧通常四面有高牆，正中有門，日落便上栓緊閉。大門對面是一排客房：有些單人房僅有一門，開向院子；其他是通鋪，彼此間有門相通。門窗一律朝著院子，馬廄則在邊牆和大門邊，裡面有馬、驢、駱駝。

我們把大門深鎖，這時其他所有的旅客也都醒來，協助我們捉賊。結果在一間房間裡找到了婦人的各式金銀首飾、珊瑚項鍊、珠寶以及昂貴的絲綢，有著穿戴過的痕跡。我之前描述的那名年輕人便住在這個房間裡，此外，我們也找到了他留下來的兩匹馬，其中一匹還是紅棕色的駿馬，但人早已不知去向。老闆告訴我們，他下午就離開客棧了。這個年輕人極有可能便是竊賊。他得手後，將贓物托朋友藏好，然後佯裝全然不知情地回來客棧。我將馬匹、衣物與珠寶貼上識別牌後，將這批贓物轉交當地縣令（amban）[9]保管。後來證明這些努力都是白費，竊賊仍然逍遙法外。

縣令將馬匹和贓物帶到烏魯木齊，轉交給巡撫，巡撫為了補償我們的財物損失，大方地給了我們五十塊現大洋——大約價值八、九英鎊——這比我們的實際損失還要多得多。我們在覓得了回程的馬匹後隨即上路。達坂城旁的小溪已經高漲，溪水湍急，還好我們安然渡河；但有一名攜帶著嬰兒的突厥婦人，騎著小毛驢，誤闖入深水區，若不是我腿長的東干回僕人聽到我大喊，在最後關頭拉她一把，恐怕他們已在河中餵魚蝦了。她和她懷裡緊抱的嬰兒都獲救，但小毛驢卻被急流衝走。

就在達坂城寨附近，阿古柏的軍隊在一八七七年四月被擊潰。這名由街頭賣藝出身，一路闖成南疆霸王的傳奇人物，不久後在庫爾勒暴斃。有人傳說他是被和闐郡王毒死的，也有人說他是死於中風。

我曾要求巴圖斯在我離開的時候，前往吐魯番以北靠近布拉伊克小村的水盤聚落探查。他照辦了，並在傾頹的牆裡發現基督教經文寫本，其中包括五世紀時以巴勒維語（Pahlavi）[10]寫成的聖詩集，還有翻譯成突厥語的「聖喬治傳說」（Georgios legand），以及有關東方三王朝拜聖嬰的經外書。但更有價值的是以景教福音字母寫成的經文寫本，還有些寫本所使用的語言，後來由柏林的安德烈（F. C. Andreas）和穆勒證實為粟特文。此外，還有《尼西亞信經》（*Nicene Creed*）[11]馬太福音的部分、海倫娜女皇（Empress Helena）發現聖十字架的傳說寫本，以及其他聖經文獻。寫本其中的一頁有一行希臘文的字體，後來據威勒莫維茲─穆陵朵夫（U. von Wilamowitz-Moellendorf）考訂，年代大約為九世紀，可見在中國西部邊陲一隅，曾使用過九世紀的希臘文作為書寫文字。後來，他還在文獻中發現不少以敘利亞文寫成的禮拜儀式與景教經文寫本。

我一刻都不稍停留，從達坂城一路趕回哈拉和卓，當我在第三天凌晨到達時，巴圖斯也幾乎在同一時刻到達。由於他的馬生病了，於是他把新發現的古董文物放在兩輪馬車上，駕著馬車由水盤聚落一路馬不停蹄地趕回。雖然我們都已筋疲力竭，但仍然打起精神，將古文物分門別類編號打包後才就寢休息。

【注釋】

1 阿吉茲（ariz）：突厥語為口、嘴之意，口語為埃吉茲（eyiz）。——審注

2 萊奧卡雷斯：西元前四世紀中葉的希臘雕刻家，他的作品《該尼墨得斯與鷹》現保存於梵諦岡。

3 該尼墨得斯與鷹：該尼墨得斯為希臘神話中一位翩翩瀟灑美少年，後來他被宙斯看上，宙斯於是派遣一巨鷹前去攫取，將美少年帶到奧林匹克山上，為他執杯服務。

4 溜蹄馬：溜蹄指馬之兩足同時並舉之步調。——審注

5 伊瑪目：Imaum，同 Imam。(1)遜尼派回教徒的宗教領袖和教師，負責領導教徒在清真寺做禮拜。(2)什葉派回教徒有神授超凡能力的領袖。

6 禪房是一長方形斗室，其中有炕，炕上是條形石床。沿著四面牆有一高起的寬石台（稱為「liwan」），相當於現代埃及居家中的平台。中間略凹陷的部分則相當於埃及的「durqáah」。建築式樣是波斯式的，經由阿拉伯人的媒介輾轉從波斯人處學來——參見蘭恩（C. F. Lane）著《現代埃及人》（*Modern Egyptians*），第五版，倫敦，一八六〇。——原注

7 如果他能代表德裔俄人的話，恐怕會讓俄國人大失顏面。他打從心底瞧不起俄國人，但他自己不過是個農夫罷了。他是個天主教徒，家族世代居住在奧本海姆（Oppenheim）。雖然這個家族在俄羅斯住了一個半世紀，他的德文仍保有鄉音。當他在進入哈拉和卓城，看到第一匹駱駝時便大叫：「先生，先生，看哪！那駱駝長得個什麼樣！看看牠的脖子和頭都不相稱，看看那是什麼駝峰！腿也全接錯了；上帝是絕不會造出這

種怪物的，只有俄國人造得出來。」言下之意透露了他對俄國工匠手藝之輕鄙。——原注

8 大約六百五十英鎊。——原注

9 縣令（amban）：此字應為ambal，意為縣太爺、縣長。——審注

10 巴勒維語：為現代波斯語之始祖。

11 尼西亞信經：唯一為天主教、東正教、英國聖公會和基督教新教所共同承認的基督教信仰宣言。

第六章

哈密之行與首度前往喀什噶爾

綠洲哈密

八月初，酷熱難當，太陽烤曬得皮膚奇癢難耐，我們不得不另覓較涼快的地方避暑。由於聽說天山山脈支脈末梢的哈密綠洲，天氣較為涼爽，於是我們決定動身前往，落腳在這個最靠近南疆和中原接壤地帶的突厥城，探查其中的佛教遺蹟。

往哈密的路上，必須穿越廣大的戈壁，這種由礫石和沙丘構成的荒漠，不毛的禿頂山脈橫亙其中，常有來勢洶洶的風暴，破壞力十足。

靠休息站的地方不時有些水泉，泉水澆灌出一片青蔥茂盛的大黃（rhubarb）。路旁的一塊黑色大岩石，適足以無言地見證這裡沙暴的強大威力。長久以來，狂風挾帶著飛砂走石，像機關槍一樣，在石頭上掃出無數如蜂窩般的洞。斑鳩在洞裡築巢，老遠就可以聽見牠們憂鬱的咕咕聲。我不知道這些鳥吃什麼，不過牠們羽翼強勁，可以飛到遠處農地覓食。我們還在這崎嶇的山區與不毛的荒漠中，發現了成群結隊、頭上長著豎琴形狀犄角的羚羊。

休息站十分骯髒、破舊簡陋，在這些休息站裡，我們首次在南疆遭遇到臭蟲兵團的攻擊。

若不是魯克沁王和他的岳父大人哈密王有先見之明，派人事先送來雞蛋、酸乳、羊肉、水果，我們的遭遇還將更加悲慘。旅途長達十二天，在靠近目的地的一個驛站，我們突然看見一輛懸掛德國旗幟的馬車。我們快馬加鞭追上，發現旗幟上寫了「卡洛維茲有限公司」（Carlowitz & Co.）幾個大字。我們希望能在他鄉遇上故知，但車上的人只是一家大型外商公司聘用的中國雇員，被外派到烏魯木齊開設分公司。他們都十分客氣，一直堅持要請我們吃頓飯，並且陪同我們回到他們剛剛才離開的驛站，好請我們吃飯。這些東干回人知道威廉皇帝在八月間關於摩洛哥的談話，他們很高興威廉皇帝出面干涉，不讓摩洛哥的蘇丹垮台。

由於他們來自上海，而上海距此至少需一一五天行程，所以他們不可能是在上海得知這項消息，我實在很驚訝於消息在南疆這片廣袤大地上傳播的速度。

我們在八月中抵達哈密，並在寒風刺骨的凌晨四點進城。

我們拿著介紹信來拜會知府（darogha），知府殷勤款待。但是，我們隨後得知，此地沿用波斯舊習，在謁見郡王前，訪客不得出門。另外，也同波斯一樣，王廷樂師在日出時以定音鼓迎接東升旭日，日落時則以尖銳的笛聲向落日的斜暉送別。

翌日，我投了一張外觀類似公文的中國式名牒到郡王府裡，王爺立刻派遣禮賓官（mihmandar）送來請柬，邀我們隔天上王府裡坐坐。經過這番官式認可後，我們才得以在城中自由走動。城中最讓我們感興趣的是一處王陵（見圖50），建於十八世紀。王陵中有陵墓、清真祠堂與紀念碑。清真祠堂在該區為一座金碧輝煌的建築，泥磚結構，外面貼有色澤鮮明的碧綠磁磚。祠堂裡有七十二根波斯式木柱，牆上有傳統風格的花卉彩繪，裝飾得富麗堂皇，令人目不暇給。在玄關處有兩片花崗岩華表，其中一片以波斯文，另一片以突厥文銘刻祠堂興建的由來，以及對王室家族的祈福祝禱文。我請「穆拉」（Mullah）[1]為我從華表上拓下搨本，並隨俗捐了十塊錢的香油錢，相當於三十五先令。

在清真祠堂旁，我們還看到木構建築的陵寢，它的形式是半中式的混合建築。當地人管這座王陵叫哈密的「阿爾登錄克」（Altunluk，意即「黃金之地」）。陵寢旁還相連著一間僧侶習經堂；祠堂收的捐獻，一部分供作王陵維護修繕之用，一部分則供給習經堂日常花費之用。

翌日早晨，我們前去郡王府拜會。正如魯克沁王府一樣，這座王府也是方形泥磚建築，房間都十分寬敞，有些更是裝潢地富麗堂皇。牆上掛了許多色澤鮮艷、五彩繽紛的中式與和闐掛氈，美不勝收的中式與布哈拉的絲綢刺繡，還有價格不菲的和闐玉與中國的瓷器。壁爐上則有法式掛鐘。還有一種廉價而且奇醜無比的俄羅斯煤油燈。另外，在貴賓室的牆上有一只布穀鐘，不時發出宜人的咕咕聲。

王爺馬克蘇德（Shah Maksûd）極其平易近人，腦筋又聰明，他十分客氣地招待我們。席中我恭維他和他的女婿魯克沁王，不僅通中文也諳熟滿文。當天他們奉上三巡酒品款待我們，我很驚訝地發現，在這個回教郡王的王府裡，有許多俄國酒與法國香檳。他不斷敬我們酒，似乎有千杯不醉的海量；但當我要求為他和王儲拍照留念時，他斷然拒絕說：「Sūrat tārtkan yok」（這裡不准拍照）。

晚上有漢回合璧的盛宴款待。我們先吃中國麵，以及一種以絞肉拌和洋蔥、大蒜作餡的半圓形包子，而絞肉則是和上糯米粉用蒸籠蒸熟。我對蒸的包子敬謝不敏，但巴圖斯卻能大快朵頤。接著上的菜是烤羊肉、馬鈴薯燉羊肉湯、牛肉湯、清湯和絞肉，最後當然還有不可避免的「抓飯」，不過這裡的可真美味。正餐前通常先上茶點，水果中以哈密瓜和葡萄最為可口。王府裡的一名膳食官席地而坐，王爺、我們和其他朝臣則坐在餐桌前的中式座椅上。我們前面放置了八十顆芳香的哈密瓜；膳食官每一顆都切開品嚐，然後選出其中十顆上品奉上。我們吃得不亦樂乎。

這裡的哈密瓜乾遠近馳名，因此，儘管北京遠在百日行程之外，每年官員仍不辭千里送上哈密瓜乾作為大內貢品。在哈密地區的山區裡，炙熱的驕陽和乾燥的空氣，仍足以使切片的哈密瓜迅速風乾，運送到遠地賣錢。

在取得王爺首肯之後，我們前往他在哈密東北十六英里處的行宮阿拉塔姆（Ara-Tam）參觀（見圖47）。行宮的建築為半中式半波斯式的混合式樣，坐落在一處御花園中。向晚時分，在經過一天長途跋涉後，特別能領略御花園中夏木陰陰、清風徐來的蔭涼。花園的中央有些佛寺的遺蹟，在爬上環繞花園的禿頂山後，我們又發現兩座佛寺（見圖49）。我們馬上展開工作，可惜的是，因為山區經常下雪，土地濡濕，使得該地許多雕塑與古蹟的輪廓都模糊不清。

當我們正在猶豫是否要探查第二處遺蹟廓圖坦（Khotun-Tam）時，我收到了柏林拍來的電報[2]，告訴我格倫威德爾決定前來土耳其斯坦，並要求我前去喀什噶爾予以協助。

前往喀什噶爾

這個消息讓我陷入兩難局面。因為我在阿拉塔姆時，有一名叫哈辛（Kasim Achond）的塔什干（位於俄屬土耳其斯坦）商人前來看我。當時他正從沙州（即敦煌）趕往喀什噶爾途中。他在沙州和蘇州都曾待過一陣子。他告訴我說，在沙州附近一個叫莫高窟的地方，有一位和尚曾在一九〇〇年發現一處被牆堵住的藏經洞，裡頭有許多誰也讀不懂的經文寫本，此外還發現了大量繪畫與青銅塑像。他已經把許多西藏文文獻送給了蒙古王儲，所以，他也會把那些誰都讀不懂的寫本送給我。

他的故事引起我莫大的興趣，雖然從這裡起步，要在恐怖的大漠裡跋涉十七天才能到沙州，我最後還是決定前去一探究竟。

但我不得不謹慎處理這條線索。因為我曾為了要去看當地人通報的一塊石碑（sgraffito），來回走了十四天，結果卻發現所謂的石碑不過是一方豎立石塊，因為經過風吹日曬、冰河穿鑿而形成刻痕斑駁的樣子。當地純良的居民經常為了討好外國人，向我說些類似大擺烏龍的故事。巴圖斯也有類似經驗。他曾被人帶著在吐魯番附近一帶團團轉了八至十天之久。他的嚮導狗筋疲力盡而死，其他人馬也差點同歸於盡，但始終找不到要找的遺址。

於是，我對這條線索還是心存疑慮。從這裡到喀什噶爾有一千二百五十英里之遙。格倫威德爾將在十月十五日抵達喀什噶爾，而現在已經是八月底了。我一時也拿不定主意，不知道我是否應該花十七天去，再花十七天回地走一趟沙州莫高窟？當然，我們或許可以把時間壓縮至來回各十二天，但即使這樣，我們還是要耗掉二十四天，加上在沙州待六天，一個月就過去了。

所以，如果我走沙州一趟，勢必無法如期於十月十五日在喀什噶爾和格倫威德爾碰面，哈辛的情報聽來有點誇張，讓我不免懷疑其正確性。

在不知所措中，我決定丟銅板聽天由命，我擲了一枚中國銅板，心想如果頭像朝上我就去沙州！結果面額朝上，於是我備馬動身前往喀什噶爾。在和哈密王辭別後，我們一行人快馬加鞭趕回吐魯番，這時我們的駱駝隊，連同已挖出的寶藏，已被縣令送到烏魯木齊。於是我們在吐魯番再組一支駱駝隊，循著極其浪漫但又荒涼的溝谷，從吐魯番經托克遜抵達庫爾勒。這段行程在阿格爾泉附近的峽谷（見圖2）格外荒涼危險，因為一旦下雨，雨水立刻匯注到峽谷裡，形成一股威力強大的洪流，淹沒整座峽谷。在峽谷裡，不管是人還是牲畜，一旦遇上山洪暴發就只有死路一條了。

結果，我們在峽谷裡碰上一名清朝郵政官員，正帶著妻小前往阿克蘇。他座車的馬已經疲敝不堪，不能動彈，使得這名文質彬彬又通英文的官員不知所措。於是我們將馬匹借給他，他十分感謝。

在庫爾勒，我們借住在一處俄國領事人員（aksakal）[3]家中。他是從費爾干納[4]來的，被派駐在庫爾勒的俄籍突厥人。房舍極其簡陋，屋頂由蘆葦束紮成，屋內環堵蕭然。晚餐吃的仍是抓飯。天色暗下後，主人以空瓶裝蠟燭照明，我看空瓶頗為眼熟，要巴圖斯幫我遞來一只瞧瞧，一看之下大為驚訝，空瓶的標籤上赫然出現我祖父公司的名字：「阿爾伯特．勒．寇克有限公司」（A. Le Coq & Co., London）。原來，這兩只空瓶是我祖父啤酒公司的空瓶！

我的祖父勒．寇克是柏林著名的胡格諾派（Huguenot）[5]家族後代。他投筆從戎，在一八二〇年代初期待在特雷沃（Trèves），隸屬「萊茵蘭．胡薩第二兵團」（Second Rhineland

Hussar Regiment）。由於當時沒有戰事，他便卸甲歸田，並娶了特里爾一女子為妻。他的手頭頗為寬裕，衣食無虞，曾住在艾特維（Eltville）、萊茵河畔的肯普田（Kempton-on-the-Rhine）與梅因河畔的法蘭克福（Frankfort-on-the-Main）。

一八三三年四月，法蘭克福暴動爆發，從吉森（Giessen）來的學生揮舞著刀劍，夥同手持乾草叉和連枷的維伯爾（Vilbel）農夫，一行大約六十人，浩浩蕩蕩前往法蘭克福示威，想要在當地重建神聖羅馬帝國的光榮。不幸的是，情況失控，爆發流血衝突，人群被強制驅散，我祖父的兩個姪子——一個十七歲、一個十九歲，都是吉森的學生——逃到祖父家中，藏在衣櫥內避難。警察進來搜屋，卻沒找到人。他們在衣櫥裡藏匿了十天後，祖父將他們喬裝成家僕，跟著他駕車到了瑞士。由於他在法蘭克福藏匿人犯的謠言越傳越廣，另一方面，也由於我祖父在德國住膩了，於是乾脆前往倫敦，在當地當個寓公紳士，廣結社會各階層的朋友。

可是，有天早上他讀報時，發現他存錢的銀行關門倒閉，他一下子成了身無分文的窮光蛋。

這時，他的英國朋友們伸出了援手。一家大啤酒廠老闆（他的兒子後來成為爵士）不但有通財之義，還請他接管俄國啤酒廠的生意，在當地促銷一種特別為當地人釀造的新產品。

儘管我祖父沒有什麼經商經驗，他還是去了華沙。在當地，他有許多出身貴族的母方親戚，其中有些人位居要津。我祖父的母親是柏林油畫家兼銅版畫家丹尼爾·修多維奇（Daniel Chodowiecki）的小女兒。修多維奇家族本是信奉新教教派的波蘭貴族，但由於波蘭的反宗教改革運動鬧得如火如荼，他們才不得不舉家遷移至德國。

我祖父並非以生意人的姿態出現，他只邀請在華沙的親戚們前往下榻的旅館。在吃過一席豐盛的晚餐後，他命人端上著名的黑啤酒。結果，席上嘉賓交口讚譽黑啤酒風味絕佳，他也因此獲得第一批訂單。

接著，我祖父前往聖彼得堡，由銀行家傑福瑞謬（Jefremew）出資經營啤酒生意，而且大發利市。數年之內，他又是富甲一方的富翁了。他退休後，工廠由合夥人席蘭（Messrs. Sillem）和特爾布（Messrs. Turnbull）繼續經營，掛的還是勒·寇克的老招牌，生意興隆，直到戰爭爆發才結束營業。

我父親當時由於祖父的銀行倒閉，不得不中途輟學從商。他是第一個來到廣東省的柏林人，並且在廣東和他的朋友卡洛維茲（Mrssrs von Carlowitz）和哈爾寇特（Mrssrs von Harkort）創辦了「卡洛維茲有限公司」，這家公司也很快就發展成享譽國際的大企業。我祖父的成功經驗，適足以證明胡格諾派教徒身上無窮盡的活力。

但現在，親愛的讀者們，讓我們繼續回到大漠吧！

繁榮的庫爾勒位於博斯騰湖湖畔，開都河就流經該湖。博斯騰湖的湖水清澈見底，湖中有許多大魚，增添不少生氣，其中大部分屬鯉魚。不過，也有醜陋、像人一般長的大嘴鯡魚。

行船出身的巴圖斯，到了這裡再也無法抗拒持竿之樂的誘惑，我也一竿在手，以人工餌垂釣。魚兒立即上鉤，但釣竿卻在手柄處應聲而斷，顯然在旅途中有人一屁股把釣竿坐壞了。巴圖斯較為幸運，他甩了一磅絞肉到湖裡作餌，結果釣上了一條史前魚類。他把大魚拖上岸，在場圍觀的居民無不大聲叫好。這魚重五十磅，鱗片光滑、身體呈棕色帶白斑，狀似山鯰魚。巴圖斯不顧我的警告——有些魚有毒——將牠宰殺烹吃。據他所說，味道鮮美，但我則和突厥人一樣，厭惡吃魚[6]。

在整個南疆，只有兩個地區常有魚吃，一處是在巴楚附近，塔里木河有大量的魚產[7]，成為當地杜蘭尼人（Dolans）的腹中物。另一處是在羅布泊附近，當地的人也以魚為主食，吃法包括趁著新鮮時處理食用，或曬乾之後食用。值得注意的是，好吃魚的杜蘭尼人與羅布泊附近的食魚族，都被突厥人視為異類。

博斯騰湖也是無數水禽的棲息地，這兒是天鵝的繁衍處，可做皮裘滾邊的天鵝絨，在中國可是搶手貨！鵝與雁在湖面與岸上嬉戲棲息，我們常可看見排成人字形的野雁，翺翔於萬里晴空。湖上也可看見白鷺鷥，可是我們只能遠觀，無緣褻玩。每當我們跨馬趨前，生性膽怯的白鷺鷥便振翅高飛了。

在庫爾勒附近有碩爾楚克石窟。我們後來與格倫威德爾同去探查，發現在焉耆附近有一座古老的山寨；但屋舍皆已無跡可循，在城牆環繞的遺址中，今天只剩下數碼高的蘆荻叢。

我們從庫爾勒快馬加鞭到庫車，並在城裡休息四天。當地仍有些手工藝留傳下來。我們利用在庫車休息的時間，拜訪了附近庫木土拉與克孜爾喀尕的石窟。之後我們一行人經過拜城和札木台，又來到阿克蘇。在此，我們得投牒拜會當地的道台。

由於大隊人馬行進緩慢，所以我決定第二天一大早，帶著一名僕從先行前往喀什噶爾。臨行前一天傍晚，一名農夫送了我十五至二十個愛柯爾水蜜桃。這些雪白的水蜜桃香甜可口、芬芳撲鼻，大小比一個人拳頭大，是南疆廣受人喜愛的名產。據說只要把這種水蜜桃裡的果仁種下，包準能長出同樣又甜又香的果實。

【注釋】

1 穆拉：指清真寺的住持。

2 清政府在北京與喀什噶爾之間架設了電報線，但堅拒與在伊爾克斯坦（Irkeshtam）的俄國線路搭上線。電線杆是極好的嚮導，但有時會讓風暴給颳倒。有人告訴我說，也有些時候電線杆會讓熊推倒，因為熊聽到電線嗡嗡作響，誤以為是蜜蜂在上面做巢。——原注

3 此字本意為「白鬍子老人」，引申為「首領」、「主其事者」等，文中指在領事館中，故譯為領事人員。——審注

4 費爾干納：為今烏茲別克共和國費爾干納州首府。

5 胡格諾派：為十六世紀歐洲宗教改革運動中，興起於法國而長期遭迫害的新教教派。

6 突厥人原係蒙古大草原上的遊牧民族，其飲食就是乳製品、穀物及牛羊肉，很少接觸水產品，自然沒有習慣吃水產品，何況信奉回教後，按教規吃水產也有很嚴格的規定，要有鱗、有翅、巴掌大的魚才能吃。——審注

7 流經巴楚的河流，是塔里木河上游的喀什噶爾河。

第七章

喀什噶爾之行——與格倫威德爾會合，第三梯次遠征之發軔

抵達喀什噶爾

翌日凌晨三點鐘，我從阿克蘇出發，帶著我的僕人米拉伯前往喀什噶爾，原本要走上十四天的行程，我在九天內趕完。

米拉伯頗具原創力，腹中有取之不盡、用之不竭的民謠與俚語，並知道如何插科打諢。為了在這段趕路的行程裡學點東西，每天入夜後，我讓他重複白天說過的俚語，好記錄下來。他常常會在我已就寢，而他在我床下打地鋪時，忽然不由自主地偷笑說：「先生，我又想起一個來了！」然後，從我枕頭下取出筆記簿遞給我，俚語大全就這樣又多了一條突厥語的「瓦克斯帕布利」（vox populi）[1]。

旅程中，我紅棕色坐騎的蹄子裡跑進了碎石，走路一跛一跛的。米拉伯說他知道一項密方，他用一塊錢向沿路行乞的乞丐買了些身上的蝨子，然後將牠們趕進馬耳裡，奇妙的是，我從馬蹄中取出石塊後，馬果然不再跛了。

當地人治療馬的背痛也有妙招。他們會在傷口上敷上七歲男童的童子尿，然後，傷口就這麼神奇地癒合了！不過，這道偏方一定要用童子尿，而且是小男童的尿。雖然，一路上聽說，比起我們從柏林帶來的上等英國馬鞍，土耳其的馬鞍更不會對馬匹的背部造成傷害，不過，很快就證實事實並非如此。

我們一路兼程趕路，終於成功地在十月十五日以前抵達喀什噶爾，我拿著德國與英國外交官出具的介紹信函，前去拜會英國領事馬繼業（George Macartney），並蒙馬繼業夫人之邀，到他們府上作客[2]。在這期間，巴圖斯雖然必須用當地行動遲緩的二輪貨車，運送我們所有的行李，但由於好勝心強，不甘落於人後，也在幾天後趕上我們。

讓我們氣結的是，格倫威德爾並沒有在十月十五日，甚至沒有在月底前出現，我們反倒聽說他在俄屬土耳其斯坦弄丟了行李，因此耽擱了行程！氣氛因而一下子變得很沉悶，我們對平白喪失探訪沙州千佛洞的機會一事，著實懊惱不已[3]。

但急也沒用，我們只得耐心等待。在經過辛苦挖掘與旅途勞頓之後，能在歐式房舍中休憩，實在是一大享受。

不過，首先我們得重新適應文明社會的生活。當馬繼業夫人將我帶到一間置有英國床且布置舒適的房間時，我以為我置身天堂。但在床上躺了一會兒後，卻覺得好像要窒息一般。後來，我還是起身拿了件氈子，在外頭陽台打地鋪，用馬鞍作枕頭，蓋了一件皮衣，露天而睡。在過了好一陣子後，我才又適應侷促的小房間。

我們就這樣在喀什噶爾等候格倫威德爾教授，多虧馬繼業夫婦的細心照料，我們的體力恢復不少，但格倫威德爾再三延誤，我們束手無策。

我利用等待的時間，把米拉伯的諺語謄過一次後譯成德文。這本書稍後由透伯內爾（Teubner）出版社在萊比錫出版，書名是《吐魯番的歌謠與諺語》（*Songs and Proverbs of the Turfan Oasis*）。其中有些諺語與阿富汗的雷同，南疆的神話故事也可以在阿富汗與旁遮普（Punjab）省找到相應的故事。佛教文明的影響在以上三個原本統合的地區，昭然可見。

我們嘗試在阿圖什附近靠烏什木爾干古城的三處石窟挖掘。這些石窟就建在懸崖峭壁上，原本有木製棧道可通石窟洞口，但棧道現已不存。巴圖斯只好以繩索將自己從半空中吊下，才得以進入石窟。可是洞窟內只有少數壁畫殘片，於是就無需再更進一步的探勘，何況由於道台對我們的挖掘不表同意，我們只好放棄在這個遺址區裡的挖掘行動。

第三次遠征之肇始

終於，在一九〇五年十二月五日，從俄國邊界回來的信差說，格倫威德爾第二天就到。我們於是出城迎接。果然，下午時分，他騎著一頭老矮馬，以步行的速度踱進城，隨行的還有駱駝車隊，以及穆勒教授的助手——波特先生。因為波特略諳中文，格倫威德爾於是挑上他同行。不幸的是，格倫威德爾生病了，而且還病得不輕，只好在喀什噶爾多待三個星期，纏綿病榻，由瑞典傳教士照顧。

我們在馬繼業夫婦家過聖誕節，並在當天啟程前往庫車，由於格倫威德爾病重不能騎馬，於是我找來一輛滿載乾草的兩輪馬車，將床墊綁緊在乾草上，並且架設一個遮陽篷來載他。可是他也越躺越不舒適，因為每當我們行經貫穿耕地的道路時，地面上縱橫且凹凸不平的灌溉渠道，總是會讓車身側傾，接著車輪就陷入這些一碼深的渠道中（幸虧車輪的直徑有兩碼寬）。於是，先是直徑兩碼長的前輪「碰」的一聲陷入渠道中，接著後輪也重蹈覆轍，然後前輪爬出，後輪才跟著出來。車上的旅人就這樣被上下左右甩動。

這樣一路顛簸，自然行進得很緩慢，所以我和巴圖斯總是讓格倫威德爾在波特的陪同下，於午夜或凌晨一時先行，我們則繼續睡到凌晨四時才出發，但即使如此，我們還是能在半途趕上車隊。趕上車隊後，我們繼續騎馬先行，到達營地紮營生火，等到格倫威德爾來時，茶飯都已備妥。

一月八日，我們的遠征隊終於抵達巴楚附近的圖木舒克，在當地探索位於驛站東北方的佛教遺址，然而，並沒有什麼進展。倒是稍後法國政府派遣的伯希和教授聽說了我們的成就後，在此地大事挖掘，結果大有斬獲。另外，他也發現一些犍陀羅式的石雕群。

旅程中，我的僕人米拉伯表示，在庫車附近靠近克孜爾的山區，有一群歐洲人從不曾涉足過的古代石窟，同時由於地理位置偏僻，連當地人也不太知道。

據說曾有一組由日本人大谷光瑞所率領的日本探險隊，在一九〇二年或一九〇三年曾在那裡挖掘，但被一次大地震給嚇跑了。

在得知這項消息後，我和巴圖斯立即出發。我們穿越了一處險隘，結果發現在木扎爾特河河畔的山壁上，有著數以百計的石窟。

我發現當地的地主在那裡搭建了一間土厝，其中有兩間陋室，於是我立刻就租了這間土厝，因為我聽說有另一支遠征隊已經在路上了，預計一個月內會抵達。賸餘的旅途則乏善可陳。我們抵達庫車後，拜會了那裡的中國長官[4]，然後前往庫木土拉。這是一個附近有許多石窟的繁榮小村，這個石窟群就叫作庫木土拉千佛洞。

在這裡我們發現，伊瑪目家是絕佳的棲身處。天氣寒冷，北風與東北風挾帶飛砂走石，扎得人很不舒服。然而，我們還是開始工作。石窟位於湍急的木扎爾特河左岸，沿岸有許多石窟群，其間隔著荒涼崎嶇的山溝。河上游有一處石窟是在陡峭的岩壁中鑿成，高出河面許多。

石窟中有一條長長的坑道，石壁上有許多窗戶開向河面，石窗下有許多依著岩壁挖出的石台。很顯然，以前和尚便坐在這石台上，享受向晚徐來的清風、欣賞落日的餘暉。在坑道的另一端，有入口通向神龕，神龕的年代不遠，所以依然看得出昔日光彩。不幸的是，這裡早已遭盜賊和尋寶者光顧，目前已無寶可尋。

在河谷下游，我們找到一處被黃沙掩埋的石窟，窟中的壁畫依然保存完好。我們也在這裡找到無數雕塑、寫本與其他古董。

佛窟群中有些佛窟是從岩壁裡挖成，我靠近仔細觀察，卻大為驚訝地發現，其中竟有已成化石的柴枝。

其中有一支化石骨頭嵌在柴堆中。我將化石骨剉下，事後交給柏林的古生物研究院研究。

由於我們先前在吐魯番石窟中找到的壁畫，全在突厥時期（七六〇年後）之後，相形之下，在克孜爾石窟的壁畫則年代較為古老（八〇〇年之前），當時亞利安人仍然盤據在當地。但這裡也有些石窟中的壁畫，可看出已受中國繪畫的影響。

在這裡，我們也首次發現仕女圖（見圖66）與穿戴歐風的騎士圖（見圖99）。關於這些畫，我將在後面談到克孜爾千佛洞時，再仔細描述。大體上，這些畫年代較早，但由於地理位置偏僻，保存得較完整。

從畫中人物的服飾衣著，以及繪畫技巧的成熟洗練，我們可以推論該地的文明水準，要比同時期的歐洲日耳曼國度高出許多。

我們在此地忙得不可開交，每天都有振奮人心的新發現。一開始格倫威德爾力不從心，無法參與工作，但在佛窟清理乾淨後，他就開始專心一志地從事描摹壁畫、畫平面圖等工作。

而在我們停留庫木土拉這段期間，我還不斷遣人到庫車綠洲附近，探索一些鮮為人知的石窟。

到了一月初，我穿越草原來到庫車綠洲南部的沙雅（見圖57）。旅程中的大草原上有許多聚落遺址，其中最引人注目的是「通古斯巴什」（Tongguz Bashi，意為豬頭）。這是一處大型廣場，四周環繞高牆，中間有武裝城門。由於在這環牆的區域裡，並沒有任何建築物遺址可尋，而且地面潮濕又含鹽份，於是我放棄任何挖掘行動。

這整個地區舊溝渠道星羅棋布，利用相機，人們可以沿著舊溝道一路追蹤它們的網絡，也可以看見從溝道左右呈星狀四散開來的小水流。

我們帶著水上路，並且從善如流地採用從塔什干來的卡爾馬特汗（Khalmat Khan，見圖55）——他是住在庫車的費爾干那突厥人——的建議，雇用了一名叫夏瑞普（Sharip）的嚮導。他聲稱對當地的地形瞭若指掌；不過他只是個好慕虛榮且無知的人，只懂得吹牛皮。我跟著他走，很快就走失了，由於漫天黃沙，遮天蔽日，我們竟尋不到方向。若是平日天氣晴朗，一抬頭就看得到東西走向的天山山脈峰巒起伏，天山山脈因此成為旅人可靠的指針。但現在風沙阻斷視線，遠方之物全然看不見，再加上我繫在懷錶鏈上的羅盤又不幸弄掉了，真是屋漏偏逢連夜雨。

所以，有一大段時間，我們只是在原地打轉，最後我的僕役才總算找到正確的方向，帶我們抵達富庶的托克蘇。我們在那兒的村長家受到熱誠的招待歡迎，村長的房舍在那個地區，可稱得上是華宅了。

一路上策馬行進時，我不時下馬檢查地面，發現地上滿是破陶片、皮帶、貨幣、箭鏃、青銅和銅章，還有鈴鐺——但全都腐朽不堪。我們也經常在地上發現木雕的殘片、舍利塔、小佛像和其他神祇的身像等。此外，還有很多破損毀棄的鍋子，顯示出這裡曾經是一處大型的村落。

村長的家裡有幾間波斯式的房間，牆上畫著光鮮亮麗的蛋彩繪，炕裡燒著熊熊烈火，散發出宜人的熱氣。床上鋪有蠶絲被、床墊與紅綾繡花枕。村長的大名叫阿里（Ali Achond），有四個相貌高貴的老婆，她們好奇地望著我們這群來訪的不速之客，但仍不脫這個民族特有的禮貌與拘謹。我和她們擺龍門陣，詢問她們是否有舊時的刺繡，她們立即從精雕細琢的篋裡，取出許多美侖美奐的刺繡織錦。這些織錦原本是舊日婦女穿戴在白色長褲下緣的。這地方婦女的打扮頗為簡單，大致就是一件棉質或絲質的長袖長衫和褲子，褲子在腰圍處以繩索紮緊。穿時長衫一直蓋到膝蓋上，僅露出下半截寬約十六英寸的褲管，長褲上通常繡有美麗的圖形，繡線多半是紅色。

刺繡的內容大都是亮麗璀璨的花團錦簇，邊緣飾以渦形裝飾。長衫也有類似的繡花，其中有一件是乳白色的絹帛，上面覆滿銀線繡成的棕櫚複葉圖案，特別具藝術價值。其他的長衫也有品味極高的花繡，上面一片花團錦簇。在我看來，這些繡花全屬波斯形式。從布哈拉，經過整個阿富汗，到旁遮普省北部，以及從整個土耳其斯坦到哈密，都可以找到這種刺繡形式。我向這些婦女購買了許多現在已無人穿的繡花褲。因為自從南疆和俄羅斯通商後，這種繡花已不再流行，取而代之的則是一種俗不可耐的俄羅斯印花棉布。我就看見一名婦人穿著俄製的印花棉布長衫，上面的圖案則是不斷重複一個著短裙的芭蕾舞者，呈金雞獨立狀的舞姿。

突厥裔的美麗佳人，比北歐仕女更早就發現鐘形帽的魅力。正如時下的歐洲婦人一樣，她們也載小皮帽與織錦帽，長時期以來——大約有五、六十年的光景——她們和歐洲人一樣，也穿著前端垂著墜飾舌皮的小靴。不同的是，她們只在高筒靴上才裝飾，不像我們，連平底鞋也裝飾。她們鞋子的鞋跟都很高，在鞋跟底面則釘有銀釘。她們會把銀釘頭彎向鞋跟後才打下釘子，好留下銀色的裝飾圖樣。

在這裡，我也探索過許多還保有城牆的聚落遺址，但到處都是濕濘濘一片，使我不得不放棄挖掘。接著我來到肥沃的沙雅，我的到來引起許多村民爭相圍睹，清朝官員也前來邀請我到他家坐坐。在這裡，一如其他地方，中國人對我相當禮遇，他們的友善並不亞於當地的突厥人。他們讓我住在一間乾淨但低矮的客房，由於門沒鎖，自然也談不上有什麼隱私。當我正要就寢時，突然來了一名身材高眺的少婦，身穿小背心，繡花長衫，身旁帶了兩個小丫鬟，抱著冬不拉（tambur，一種弦樂器）哼哼唧唧的，三個人一副自得其樂的模樣。我湊前問是怎麼回事，才知道這名少婦是有名的青樓艷妓，急著要向我這外國人賣藝。我只好以高價買了她一副耳環，請走了這名有點惱羞成怒的少婦。

在東突厥人中，這樣的特種行業就如同其他任何行業一般普遍，在南疆各地，這種職業婦人的歌謠四處流傳吟誦。

有時候，這些青樓艷妓也會和老實的工匠或莊稼人的妻子，成為閨中密友。

不幸的是，我在此地找不著任何值得探索的遺址，只好空手而回。

米拉伯也四處打聽，他告訴我，在庫車東北方克日西附近有兩處重要的聚落，於是我在一位庫車官員的陪同下，經過庫車東方古城牆腳的一座壯觀的舍利塔，並在行走十四英里之後，抵達克日西村。在此地東北方的一處荒村裡，有一大石窟群，不過一半被埋在泥土堆中。這石窟喚作「錫姆錫姆」（Sim-sim），也就是「芝麻」，也許和天方夜譚中《阿里巴巴四十大盜》的故事有關吧！

然後，我又來到位於克日西以南另一處名叫「阿及依拉克」（Achigh Ilak，意即苦水匯集處）的遺址。這裡的石窟雖不多，但因位於乾地之上，反而頗具挖掘價值。

於是，稍後我領了格倫威德爾前來錫姆錫姆石窟，不過我們只在這裡工作了幾天[5]。一直到第四梯探索隊來這裡時，他們才大規模地挖掘阿及依拉克遺址。此外，他們也在庫車古城附近的一座舍利塔大有斬獲。正如吐魯番綠洲的突厥時期石窟一樣，在阿及依拉克遺址的坑道牆上也繪有大型佛像。

【注釋】

1 瓦克斯帕布利：vox populi原文為拉丁文，字面意義為人民之聲，即俚語俗諺。

2 我之所以要求到英國官員府上叨擾的原因有二：其一是我諳英語與英國習俗，其二是我不通俄語，摸不清俄國人辦事的那一套脾氣。此外，我聽了不少有關俄國駐喀什噶爾代表——即著名的俄國總領事皮特斐斯基（Pietrowsky）——惡形惡狀的傳說，讓我裹足不前，不願與這暴君同居一室。皮特斐斯基才高八斗，在當時是南疆實質上的統治者。沒有人比他更清楚中國人與突厥人的歷史和宗教，也沒有人比他更熟悉南疆的經濟政治資源，照理說住在他家是有百利而無一害，但他極其剛愎自用，對別人絲毫不多加考慮。楊赫斯本（榮赫鵬）上尉（Sir Francis Younghusband）和艾維斯先生（M. de St. Ives）對他的咒罵，可說是不無道理。格倫威德爾與胡特在總領事館借住期間，也得任憑他頤指氣使，由他擺布。有一次胡特頂撞他，不買他賬，皮特斐斯基問格倫威德爾，他是否有權叫人修理他一頓。格倫威德爾庇護他的夥伴，但雙方關係從此變得緊張起來。我不願在俄國總領事館裡受罪，所以借住在英國人家裡，並且和主人結成莫逆之交。當我抵達喀什噶爾時，總領事皮特斐斯基已受召返國述職，當地中國人和突厥人都談到這個人種種奇怪的行徑。他的繼任者和藹可親，待我十分友善，但奇怪的是，這個人也有許多令人大惑不解的怪癖。我永遠不會忘記有一次英國領事館作東，請俄國外交人員到館裡吃聖誕大餐。他們滿心歡喜地來赴宴，也玩得很開心，但就是一點也不碰桌上的飯菜。原來，他們來之前就先吃過了。至於他們為何吃飽了才赴宴，我至今仍然不解。——原注

3 值得一提的是，優異的英國學者暨探險家斯坦因爵士，果然在沙州千佛洞發現傳說中的藏經洞，並且向廟祝買下許多珍貴經文寫本和帛畫。接著法國探險隊隊長伯希和也來到這裡，同時買下為數極多的經文寫本。藉由這些寫本的流傳，許多原本無緣參與其事的學者，也因此得以共襄盛舉。儘管我萬般懊悔沒能獲取這批寶藏，但一想到這些寶藏有了好歸宿，便寬心不少。——原注

4 在庫車，營寨是城裡的一區，不像在吐魯番、阿克蘇和喀什噶爾，營寨是在舊城外數哩遠的新城裡。——原注

5 我們在庫車工作時，碰上了俄國派遣的兩名學者魯道夫（Radloff Berezoqskys）與撒勒門（Salemann Berezoqskys）。格倫威德爾私下和這兩名俄國學者達成協議，德國探險隊只在年代較近的吐魯番石窟群挖掘，而俄國探險隊則在至今塵封未動、年代較古老的庫車石窟群挖掘。也就是說，俄德兩隊人馬井水不犯河水。但當我抵達烏魯木齊時，一名俄國領事兼醫生庫恰諾夫奇（Kochanowky）告訴我，他很驚訝我這麼快就到了。他收到這兩名俄國學者來信，請他火速前往吐魯番石窟群，並為俄國政府蒐羅經文寫本與繪畫等古文物。我對俄國人背信的行徑大為不滿，我告訴大夫，我們與俄國遠征隊已有言在先、各自有各自的地盤。庫恰諾夫奇表示，他對所謂的協議毫不知情，而身為俄國領事，他必須聽命行事、不得違抗。他果然先我們一步來到哈拉和卓，擄去大批文物古董，惟獨他無法剝下壁畫。庫恰諾夫奇人不錯，我也能明瞭他的立場，但這兩名俄國學者的信無異是撕毀了早先的協議。我向柏林報告此事，但要求事端不要鬧大，因為我們損失不大。但庫恰諾夫奇隨後寫信來罵人，他表示命令之重要遠勝於私下協議，俄國人捷足先登，自然有權將古董文物據為己有。我前往烏魯木齊，把我寫給柏林當局的信讓他看，以昭示我沒有找碴

的意思，目前這封信收在第四梯隊的文件中。當格倫威德爾抵達南疆時，我問他是否可挖掘克孜爾與庫木土拉兩地的石窟群，我說所謂的協議已形同虛文。他說他和魯道夫與撒勒門談過，同意我在克孜爾與庫木土拉兩處挖掘。但我知道這兩地石窟其實隸屬拜城縣管轄，並不在庫車縣境，自然不在受限之列。然而，若不是俄國人背信毀約在先，我也不會大力慫恿意志不堅的格倫威德爾去挖掘這兩處石窟。爾虞我詐本非我的行事準則，但我這次真得被惹火了。克日西隸屬庫車縣，俄國人知情後立刻破口大罵，我只得和他們講理去，但他們竟威脅要動粗開槍趕我們走。這兩名俄國人每鋸下壁畫必會損害畫面本身。由於我們在南疆已成果豐碩，不值得為此把事情鬧大，我們於是放棄克日西，與俄國人言歸於好，往更東邊走去。——原注

第八章

在克孜爾的工作與生活

克孜爾的石窟形態

順利完成庫木土拉的挖掘工作之後，我們轉移陣地，前往克孜爾石窟。克孜爾石窟同樣也位於木扎爾特河河畔，庫木土拉以西大約九英里半處。在克孜爾的休息站稍做休息後，我們向南行走了大約五英里，就可到達這石窟群。在這裡，映入眼簾的都是一座座高聳入雲的山脈，唯一的隘口更有一夫當關、萬夫莫敵的氣勢。從這關隘的制高點下望深谷，在群山環抱中延展開來的石窟便能盡收眼底。

石窟群開鑿在巉巖山壁上，山勢呈半月形交抱，月彎的上下兩角為湍急的木扎爾特河截斷（見圖58－64）。

從山腳下到河岸之間，是一片沖積土，有人在這兒開墾出果園與田地，招待我們的主人是六年前來到此地定居的。

在早期，河道順著山勢走，山腳下即是河水。

所有的石窟都由一條坑道貫通連結，所以如果有人在石窟群間進出穿梭，外面的人一點也看不見。這些坑道每隔一段頗長的距離，才有一扇通風口，通風口到目前仍然清晰可見（請參見圖98平面圖）。

石窟的大小不一，有些頗小，有些高三十三至四十六英尺、深四十至六十英尺。石窟旁是和尚的工作室、起居室，與儲存穀物與種子的倉庫。在倉庫裡有洋蔥、胡蘿蔔的種子，以及葡萄乾、小米和一種呈深藍色的豆子。

石窟的形態有二。最常見的一種背面有一山門，通向一個四方形或長方形的正殿。正殿深處嵌有一尊泥塑佛像，佛像兩側和背後的岩壁各挖有一條通道，三條通道串聯成一個凹字形。而坑道之所以會挖成凹字形，是為了方便讓迎神賽會的隊伍能繞佛像禮拜（見圖71–72）。牆上則有佛陀生平故事的畫像，與描繪佛經故事的圖像。正殿頂上是一個桶形圓頂，天花板上畫有傳統的山景，每一座山景裡畫的是一幅描述投胎轉世的本生譚（見圖81）。在後期繪畫中，層層相疊的山景，為盤腿而坐的佛像所取代。門的左右兩側，以及在通道兩側的牆上，也畫有身穿紫袍的供養人圖像以及上層階級男女。

我永遠也不會忘記，我進入這樣一座石窟的奇妙經驗。在清除沙石堆後，我們提著燈摸黑進去，石窟裡沒有一扇窗子，整個窟室，除了禪房有窗洞之外，伸手不見五指。

供養人的畫像乍看之下，不禁使我聯想起歌德式小禮拜堂內的畫像。他們雙腳叉開，踮著腳尖，身穿織錦長袍，頭戴三角帽。腰間繫著武士的銅牌，腰帶上掛著一柄劍柄呈十字形的長劍。劍柄的柄端呈圓頭或平頭，酷似歐洲迦羅琳（Carlovingian）王朝[1]與早期歌德式的佩劍。腰際另一側則佩掛斯基泰風格的短刀，旁邊還紮了一塊方巾。這種方巾在十六世紀前，在義大利是聞所未聞的。他們頭髮中分，修剪成特定形式。有些圖上的頭髮是白色的，有些則是紅色的。由於眼球沒有上色，所以我們無從對照判斷畫中的頭髮是呈自然原始的顏色，抑或是經過指甲花染料粉飾塗染過的（見圖99）。

仕女側身於騎士旁，著緊身束衣，低露前胸，燈籠袖，緊身束衣隆起處懸掛著小鈴鐺。她們穿拖地長裙，姿態讓我們想起自霍爾班（Holbein）[2]至范戴克（Van Dyck）[3]的歐洲仕女圖中，經常可見肩膀後收、軀幹前突的做作姿態（見圖96）。雖然在趨近仔細觀察後，我發現它們其實不是歌德式繪畫，可是畫中仕女穿著打扮和武士鐵甲配備與歐洲畫之神似，仍令人印象深刻（見圖66–67）。

如果我們稽查喬叟（Chaucer）[4]的《尼布龍根之歌》（*Nibelungenlied*）[5]，或艾森巴赫（Wolfram von Eschenbach）[6]與福格魏德（Walther von der Vogelweide）[7]等諸人畫作，

不難發現，在他們畫中，歐洲騎士與貴夫人服飾的衣料，其實是波斯或突厥的東方產品。但假若衣料是東方的，剪裁式樣也是東方的，這些服飾就有可能在送到歐洲前，已經是剪裁好的成品了。

不過，這些壁畫出現的年代（大約是七〇〇年左右）和歐洲類似服飾出現的時間，有一大段差距，因此不能確定東、西方服飾的關聯性，而且服飾的風尚在東方的改變要較西方遲緩。斯坦因爵士在沙州千佛洞發現的摩尼教經文卷帙插圖人物，便與一千年後今日南疆人的打扮一模一樣。

第二種寺廟形態是有圓頂的波斯式建築，這些圓頂建築的山門都已傾頹，所以我們無從推斷山門的屋頂是廡殿頂（即單傾斜面的屋頂）還是和主殿一樣是圓頂。廟內壁畫的布置也和上述第一型寺廟一樣，但佛像則置於正殿內側一座金剛寶座塔上，佛像後面留有通道，方便迎神賽會的隊伍通過。

我們在這裡獲得前所未有的成果。在這裡，到處都有原封不動保存的寺廟，裡面的壁畫引人入勝，而且藝術性又臻於盡善盡美。它們的年代較為早期，比我們才去過的庫木土拉石窟壁畫還要早。在這些畫中，仍看不出絲毫東亞畫風的影響。至於雕塑和繪畫都是印度波斯式的，遵循著晚期古典藝術的法則。根據我們推算，這些石窟在五至八世紀之間曾盛極一時，到了八世紀中葉才被棄置或是被摧毀（見圖65）。

我們在此地工作才展開幾天，我就成功地在一座我們命名為「紅色圓頂石窟」中發現了一處藏經洞，其中有大量寫在紙上、貝葉上，或赤楊皮與木板上的早期佛經寫本。這些冊頁全部都裁成印度書籍的式樣。

我們在此還發現了一本保存完善的珍本，其中有六十頁是以印度字體寫成的梵文或吐火羅文經典。

有一面牆上畫有穿著歐洲服飾的仕女圖，其中一景讓人想起中古世紀的「死亡之舞」（見圖96）。

切割壁畫

我們抵達之後數日，有天凌晨三點半，巴圖斯和我正躺在床墊上抽菸斗時，格倫威德爾忙不迭地從隔壁闖進了我們房間，手中抱著多份模板紙，還有刷子和板凳。他要求我們把他的早餐送到石窟裡去。巴圖斯聽了之後，直嚷：「先生，先生，我們可不能讓他搶在前頭，我們趕快工作去吧！」

從那天起，我們開始了在土耳其斯坦最快樂的一段時光。這段期間成果豐碩，頻傳佳績，雖然常常因而三餐不繼，但面對日復一日不斷的驚喜，我們對生活上的種種不便，也能甘之如飴了。格倫威德爾也同樣喜不自勝，我永難忘懷每次傍晚時分，大夥在營火前團聚的快樂時光。

由於從歐洲帶來的菸草早已用盡，我們不得不購買鄰近拜城的土產菸草。拜城的菸草呈金黃色，味淡，如果其中不混雜黃土和小米莖稈，還算是過得去的貨色。為了圍在營火旁享受吞雲吐霧之樂，我們花了三先令買了二十五磅的菸草，但是處理乾淨後只剩下十二磅。

巴圖斯依然肩負從牆上鋸下壁畫的重責大任。由於壁畫只是很薄的一層，為了避免破壞壁畫，我們必須以銼刀和鐵鎚先敲破軟岩層，再將它鋸下來。這是一件傷神費力的工作，即使是如希臘神話中赫丘力士（Hercules）[8]般的大力士巴圖斯，也大呼吃不消。

不過，成果令人滿意。有一幅畫格外絢麗奪目，是在「十六倚劍騎士窟」下的「天花板上有畫的寺院」發現的，畫的是白衣大士和暗膚色的印度女樂師（見圖67）。

將壁畫切割下的過程如下：

壁畫是畫在一層特殊的塗底上。塗底由泥土混合糞便、乾草塊和植物纖維而成。塗底上再刷上一層薄薄的泥灰。

開始時，銼刀必須很銳利，刀刀都要刺穿塗底層；再將畫切割成能裝箱打包的大小片段。取下後，最大塊的放置在拖車上，其次置於駱駝背上，再其次置於馬背上。

在切割邊緣時，必須很小心，以免傷害到畫面本身。

取畫前，必須先用尖鋤在壁畫邊上的牆面鑿出大洞，為接下來的割鋸工作鋪路。有時還必須鐵鎚和銼刀齊用，所幸岩層通常都不很硬。

如果塗底本身鬆脫，我們還得請人用覆蓋有毛氈的木板，緊貼在壁畫上。

待壁畫鋸下來後，再小心翼翼地把緊貼在牆上的木板連同被鋸開的壁畫從牆壁移開。我們將木板的頂部漸漸向後傾斜，木板的底部則靠著牆根，然後讓木板和垂直面之間的夾角角度越來越大，直到木板平躺在地上為止。壁畫就這樣連同木板一起被卸下來。

這些工作粗重耗力，更需要高度技巧與伶俐的手腳。

裝箱也不是件容易的事。

首先，我們得準備面積足以承載壁畫的大木板，四邊還要留出了三到四英寸的空隙。然後，在木板上鋪上兩把垂直相交的蘆葦束，其上覆以毛氈和特選的棉花，再把鋸下的壁畫，畫面朝下地置於其上。

然後，上面再鋪一層棉花，然後是第二幅壁畫，畫面一樣朝下，如此層層相疊。

壁畫就這樣疊床架屋地疊在一起，不過，最多只能疊六幅壁畫，再多就容易毀損了。

在一疊壁畫的最上面，我們會再放置棉花、毛氈、兩層直角相交的蘆葦束，然後再找來兩片一樣大小的夾心板，在夾心板的外緣和壁畫邊緣的空隙中，以亞麻堆填實，再以繩索牢牢綁死。

裝壁畫的箱子則不但必須大得足以裝下這包裹，還要留下三到四英寸的空隙，而這空隙也必須以厚厚的一層亞麻堆填實（其他的材料都不耐磨），然後才能打包，並小心翼翼地放入箱中。箱中凡有空隙的地方也都必須以亞麻堆填實，再封蓋釘死。

這樣萬無一失的包裝，使古蹟一路上沒有遭受任何破損。

我們一行人的分工如下：

我決定行程，記帳理財，搜索遺址，並負責和清朝官員及當地突厥人民打交道。

每當我們發現一處遺址，我和巴圖斯會先負責清除土石碓，並尋找寫本與古董。波特有時也會幫忙，有時則專心拍照，翻拍寫本。

當石窟裡以檉柳掃帚打掃乾淨後，再請格倫威德爾進來。他負責臨摩壁畫、作筆記。後來他以這本筆記為藍本，出版了大作《古代佛教的聖地》（*Altbuddhistische Kultstätten*）。

石窟中的意外

格倫威德爾不喜歡和中國人或突厥人打交道，他深深嫌惡這些民族，也無法和他們溝通，因為他一個突厥文或中文字都不懂。

雖然收穫頗豐，在這次挖掘行動中，我們也不幸發生了一次意外。有次當我們正在石窟中清理沙石堆時，突然間，沙石如雪崩般土崩瓦解，把我們的一位雇工壓成重傷。後來我們為這次意外償付了三英鎊的賠償金額。對當地的人來說，三英鎊算是一筆大錢，所以對這樣的處理，雇工本人和他家人，以及為他主持公道的清朝官吏，都能滿意。在這裡，一個家庭一個月的生活費，只要一、二先令就夠了。

此外，我們有次奇蹟似的死裡逃生經驗。三月三日那天，正當我們各自在自己的石窟中忙碌時，我突然聽見訇然巨響如雷聲大作，抬頭一看，大量落石就從我工作的石窟門前翻滾而下。

巴圖斯因為是老海員，身手矯健，最能爬高，所以就在我上面的石窟工作。我正擔心他是否會被落石帶下時，剎那間——一切都在瞬間發生——我看見巴圖斯和他的助手從陡峭的岩壁上飛奔而下，後邊跟著一排失聲尖叫的突厥人。我也立刻一個箭步跟上，眨眼工夫，我們全都已經奔竄到山下的平地上了，而巨大的落石則以迅雷不及掩耳的速度，和我們擦身而過。我們毫髮無傷，至於何以如此，如何能此，至今我仍大惑不解！

然後，我向河面望去，只見沸沸湯湯的河水有如萬馬奔騰，激流拍岸；溯河而上，一片沙幕在一個橫斷谷地騰空而起，狀似巨柱，衝上九霄雲外。就在這個時刻，天搖地動，突然一陣巨響，如萬雷轟頂，餘響在巉巖間迴盪，久久不去。我們這時才明白是地震，並且目睹餘震震波如何一波波向對岸推去。接著，經過數秒鐘的寂靜之後，谷地四下忽又揚起一排排沙幕，沿河道直撲而去，所幸地震威力不算太大，波特和他的組員也都安然無恙。

接著的問題是，格倫威德爾哪裡去了？我們知道他在「十六倚劍騎士窟」臨摩壁畫，由於危險似乎已過，我們拔腿奔赴這座石窟。我們無懼地攀岩而上，才很高興地發現格倫威德爾安然無恙地躲在窟室內的一個角落。想想他的做法其實較為安全理智，因為在落石紛紛下墜時我們狂奔而下，是將自己置於險境，還不如他蜷曲於一角來得安全。當然，石窟也可能會崩塌。後來這座石窟果然塌陷了，所幸當時無人在場。這座「十六倚劍騎士窟」是石窟群中最西邊的一座。在佛像旁兩側的坑道壁上，畫有真人大小的供養人家族。他們是身穿東薩珊王朝大袍的騎士，大袍的料子看來是綢緞，其上繡有精細的圖形。

在佛像背後的坑道中有個從岩壁開鑿成的台座，上面本來有座涅槃臥佛像，可是如今佛像已不翼而飛。仔細翻尋後，再沒找到任何其他寶藏。

而就在隔壁的石窟內，我們發現了一個引人注目的羅漢頭像，它的畫風是仿晚期古典藝術赫丘力士的畫法（見圖76）。我們藉由另一鄰近石窟中的壁畫確定他的身份——他是佛陀大弟子迦葉尊者，正在親吻佛陀的腳。根據佛教傳說，焚化釋迦牟尼屍身的火葬柴堆架起後，一直無法點燃，直到迦葉尊者頂禮佛足後，才得以點燃。在同一石窟中還有描繪此一傳說的整幅壁畫，這幅高十三吋寬六吋半的巨畫，後來毫髮無傷地運抵柏林，讓這段著名的佛經故事，再度與世人見面。

我們在石窟中的工作經常有生命危險。我們得一邊工作一邊瞪著窟頂瞧，因為窟頂裂開的缺口，一有振動就會有沙石落下，還好我們幸運地沒有慘遭橫禍。在這裡的壁畫中，我們依然可以看到極早期的敘利亞或粟特畫風的痕跡，令我駐足久觀，留連忘返。不過，最值得一提的是，在正殿墊石由右到左的那條美不勝收的橫飾帶。橫飾帶的圓形浮雕上，刻有兩兩相視薩珊尼王朝的野雁，每隻野雁嘴裡銜著一條珍珠項鍊。我們也將這條橫飾帶中較大的一段鋸下。

我曾在「落石窟」中有一次死裡逃生的經驗。當時我在清理完窟內沙石堆後，一如以往，發現了大量木雕像碎片，於是我靠在洞口右牆上察看，忽然間，沿牆根的一片壁面突然鬆脫下滑。我大吃一驚，向後退了幾步，就在此時，一顆巨石無聲無息地以泰山壓頂之勢從窟頂突然落下，正好砸在我的右腳前方，嚇得我立即遠離這座石窟（見圖70）。

石窟群巡禮

在「孔雀窟」旁邊有一座大型石窟，我們叫它作「人像窟」，因為這個窟裡的壁石上有一排犍陀羅式塑像。人像現在只剩下半身存留，從中可看出手工相當精細。在佛像兩側坑道的入口處，則有兩座基座。基座上原本應有一男一女兩尊神像，不過兩座台基都已傾毀塵封，只是從地板上遺留的坑洞推測，佛像兩側原本應有兩尊神像。

目前女神像只賸一些殘片。男神像雖然無頭，但身軀保存完整，而且遺失的頭部稍後也在土石堆中尋獲。其基座上的塑像是半身像，只塑到腰部為止，腰部以下則逐漸縮小成圓形石柱。

男神像的身上，立體地具現了畫中屢屢出現的鐵衣金甲。在鎧甲的上半部有一個巨大的頸圈，鎧甲是鎖子鎧甲，鱗狀的鎖片朝上。在歐洲類似的鎧甲上，鱗片鎖子的圓形部分是朝下的，鱗片朝上的鎧甲只出現於犍陀羅雕塑和歐洲伊特拉斯坎（Etruscan）雕塑[9]中。鎧甲的下半部則覆滿了六角形鱗片。在中國鎧甲史研究中，這副鎧甲有其重要性。其中男神也許是兒童的守護神般闍迦（Pāñcika），女神則是鬼子母神訶梨帝（Hārītī）。女神的頭像是晚期古典藝術形式，仿的是天后朱諾（Juno）[10]的造型。雖然我們始終無法說服格倫威德爾將這尊神像軀體砍下來帶走，不過，我和巴圖斯最後還是瞞著他偷偷裝箱打包了。

此外，我發現在距離「人像窟」不遠處，一處敲出的峭壁上有一個大土墩，土墩上方有一個開口。我和雇工爬上峭壁，發現這土墩其實是一個被掩埋住的石窟。於是我們試著將土石堆清出，在清埋的過程中，有些巨石鬆脫，由洞口滾到窟穴裡。

後來我們進到一處山門，裡面有幾張桌子，毫無疑問地，稍早時桌上必立著無數小木雕，只是現在這些木雕像都四散一地，有些在桌下，有些在牆邊。入門左側則有另一張桌子，後面有一圈木製的大山形光環，光環中原有的佛像如今已不翼而飛。

所有這些木雕上，還殘留有一層薄的灰泥以及金片，另外還有藍、紅、綠三種顏色的殘留。

山門內側牆壁的正中央，有一扇開向正殿的門，門上尚存有一些橫樑。地上堆積了一層一碼半厚的黃土層，在這黃土層中我發現了一個男人的頭蓋骨與坐骨。由於窟穴中的黃土已經堆了半滿，這頭蓋骨想必是以前躲在石窟中避難而仍不幸罹難者的遺骸。至於遺骸的其他部分，可能早就被野狼叼去了。

我們清除了土堆後，映入眼簾的是美不勝收的壁畫。壁畫的主要顏色是閃耀著金屬光輝的巧克力棕色。窟頂四周是平的，中間則呈圓狀向上隆起，天花板上繪有孔雀開屏的圖案。這些孔雀成群結隊，向屋頂尖部逐漸縮小，在每一隊的末端都有一名手持珍珠串的天使飄浮空中，孔雀開屏的顏色有藍、綠、金和朱紅。

原本我希望將整個圓頂切割下來，運到柏林再重新組合；但格倫威德爾堅決不肯，我擔心如果我再繼續堅持下去，會傷了雙方和氣，所以我只將一、兩片天花板鋸下，運抵柏林。

非常奇怪，這些壁畫中的金屬光澤，居然是窟內濕氣作用的結果，在幾天的乾燥氣候後，原有的金光閃閃就消失無蹤了。其中平頂下方的四面牆上以透視法各畫有一座陽台，陽台中央則各站了一尊飾有光環與橢圓形光圈的佛陀。陽台下則繪有以希臘圖案組成的裝飾帶，再下方則繪有佛陀生平的故事，每個故事自成一方塊。

而在這其中，特別引人注目的是一塊繪有佛陀受魔女誘惑的畫（見圖78）。

在這幅畫中，佛陀盤坐在寶座上苦修入定，一心要修得正果，臉上因苦修而憔悴不堪。魔王波旬則派遣他的三個女兒前來阻撓，希望在最後一刻擾亂佛陀清修。在畫中，魔女們位於佛陀右側，其中最年輕的一個妖柔嬌媚，進前挑逗六根清淨的佛陀；但她們始終無法得逞。佛向她們怒目而視，三魔女頃刻間化作白髮老嫗。化成白髮老嫗的魔女，被畫在佛的左側。

醜陋的面孔很明顯地曾令早先訪客感到不舒服，因此三個老魔女的臉龐以及正進行苦修的佛陀的臉部都遭刮損、破壞。

我們將壁畫的大體切割下，如今這座石窟，連同我們按原比例重建的圓頂，都一併在柏林民族學博物館裡展出。

由此再往東走去，有好幾排內容精采的石窟，其中以「寶窟」最值得一提。它之所以叫作「寶窟」，是因為傳說有突厥人在窟中的地下發現金器。窟中壁畫的筆觸明顯受到印度畫風的影響。其中服飾部分，仍保有大量古典繪畫風格——這樣的畫風可上溯至五世紀時。這座石窟位於由一條河流沖積而成的平原入口處，兩條小溪在北方交匯流入這條河流，一條源自西方，一條由北往南流來（見圖63）。山溝亂石纍纍、崎嶇難行，而兩條小溪的溪谷則狹仄陰暗，兩旁壁立萬仞。

在西側山溝裡，我們也發現了一處精采的石窟（見圖61）。這座石窟也像這裡的其他大部分石窟般，開鑿在高不可攀的山壁上。從山腳下有石梯可直通到此，石梯保存尚稱良好，但極其危險。我們因此將這座石窟命名為「石梯窟」。這條山溝十分狹隘，石窟通常必須開鑿在高處，因為一旦颳風下雨，洪水立刻就會以驚人的速度竄升，山溝在頃刻間會注滿一層樓高的水，洪水滔滔，紅褐色的波濤橫溢漫流，無堅不摧。

這座石窟內的壁畫，也明顯受到印度畫風影響。可惜的是，這些美不勝收的壁畫對格倫威德爾而言，與其他石窟相較之下，並沒有增加多少誘惑力，所以我們也沒有辦法說服他將這些壁畫帶走。由於格倫威德爾害怕延誤時間，延長這次考察活動，我只好等第四梯次遠征此地時，才將這些炫爛奪目的壁畫帶走；但在這段期間，壁畫業已受損。這石窟內的佛像正上方，圓頂的新月形牆壁上有一幅佛陀受魔女誘惑圖（見圖62），讓人眼睛為之一亮。

沿溝谷更往前方，我們發現還有幾處石窟，但在這裡我們實在寸步難行，溝谷裡堆滿了黃土石塊，一片狼藉。我們步履維艱，氣候一如火爐，熱得我們幾乎窒息。雖然石窟內原本都以坑道相連，但由於地震，坑道與洞口大都已經崩塌。有許多石窟，我在一九一三年還曾入內鋸過畫，卻都在一九一六年毀於地震。

這些石窟似乎與寺院相通，正因為如此，我們急著要一一仔細檢視。但令人大惑不解的是，我們臨時雇用的克孜爾當地莊稼漢，到了谷溝的某一定點，卻死也不肯往前再跨一步。

他們喧譁不已，又固執己見，我於是將他們全數集合。我身著采衣，以鋼盔作烏紗帽，擺出中國官吏的架子，審問他們何以抗命。他們說前方有一座石窟，雖然小卻具有魔力。石窟中有一石堆，石堆上覆蓋著山羊或綿羊角，旁邊有幾根柳條插入土中，柳條上綁著些碎布和犛牛尾。當地的突厥話把它叫作「和卓木」（khojam），意思大略是「我的聖王」。

這個地點也許正是舊時佛窟中首要廟宇所在地，後來被回教徒繼承，依舊作為一個宗教聖地。

在我們的團員中，就有一人因不知情而誤闖聖地，我於是將襯衫扯下一角繫在柳條上，並且供上兩顆綿羊頭顱。工人們也在「和卓木」旁兩手合十禱告，口中唸唸有詞；另外，我又宰殺了一隻肥羊，才平息這場褻瀆聖地的風波。

不過，當地的雇工仍然拒絕在此工作，他們說：「Ginn bar!」（有鬼！）

有一天，我們正在克孜爾埋頭苦幹，米拉伯忽然前來通報，說他聽說附近有一石窟群，沒人挖掘過，頗具探索價值，急著要帶我前去看看。果然，在我們命名為「鬼窟」的石窟群後有條狹仄山徑，從那兒攀爬上令人頭暈目眩的高度後，可以到達山脈後的一排低矮丘陵。我立刻在丘陵坡面發現了一些石窟，其中有些半埋，有些則全埋，看來此地大有挖掘價值。

於是巴圖斯領了一群雇工，清掉土石，挖開兩處土封已久的石窟。其中一座可能是石窟群中最古老、也最具考古價值的一座。當我們挖開這座久不見天日的石窟時，除了四面牆上都長了一層大約一吋厚的雪白色霉菌之外，裡面空蕩蕩一片。我拿了一瓶歐洲人無法下咽的中國酒，濡濕了海綿，在四面牆上刷洗。結果到了夜裡，也許是因為白日的工作吧，我體溫驟升，頭痛欲裂（請不要作無謂瞎猜）。

這座石窟中的壁畫之美是我們在南疆所僅見的。畫的內容仍是佛經故事，畫風則純屬希臘化時期（見圖80）。在坑道中有一幅壁畫，畫的是分贈佛陀舍利圖。其中的騎士身穿薩珊尼王朝式的鎧甲，戴著由鐵條編成的傳統式頭盔，其上有徽獸。畫的角落還有畫師的肖像，其中有個身穿東薩珊尼王朝服飾的肖像仍歷歷如新（見圖68）。

除了這個石窟之外，第二座重見天日的石窟不但其中壁畫保存完整，而且顏色湛藍得令人眼前一亮。這種著名的藍色，在柴里尼（Benvenuto Cellini）[11]的時代，經常被義大利畫師採用，而售價則相當於顏料重量兩倍的黃金價格。

其中特別值得一提的是阿闍世王（King Ajāta Śhatru）奶液洗禮圖。在這幅畫中，阿闍世端坐在盛奶液的盆中，由於沒有人敢直接開口向他報告佛陀的死訊，於是他的侍臣在他身上攤開一條上面繪有佛陀平生四大事跡圖的浴巾。其中左下角第一景是佛的誕生，左上畫的是佛修道抵禦各項誘惑，右下角畫的是佛陀在貝那勒斯（Benares）鹿野苑初轉法輪，右上則是涅槃圖。國王在看了畫後，才明白佛陀已經示寂，不禁悲從中來。在畫的下部，我們看見須彌山崩陷，日月脫軌無光，以及其他災異。

第二幅畫畫的是佛陀荼毘圖（見圖82）。此畫中，佛陀平躺在棺槨中，身上纏著像木乃伊般的紗布。棺木一側的渦卷裝飾是晚期古典藝術形式。畫中的棺蓋正緩緩蓋下，棺蓋上有一條龍，這條傳說神獸的頭部在棺蓋前方，身體直延伸到棺蓋後方。值得注意的是，從五世紀左右至迦羅琳王朝末期，在日耳曼民族的棺槨上已經出現有龍形圖案。而可以確信的是，不論有無龍形圖案，它們背後的信仰是相同的。（在拙著《中亞藝術與文化史圖集》一書中，我便蒐集了許多日耳曼民族棺槨上的龍形圖案。）

第三幅畫畫的則是分贈佛陀舍利圖。畫中直性婆羅門（Brahman Drona，可惜已遭破壞）正端坐在城門的牆上平分舍利，他的身旁兩側有許多神祇，手上都拿著盛有佛陀舍利的小寶盒。對面則有騎象與馬的印度王子；他們前去領取舍利，以作為他們城市的庇護。這些王子身著有著大護肩的鎧甲，背著東薩珊尼王朝時期的箭筒，他們的韁繩與馬匹頭飾也同樣是屬於東薩珊尼王朝時期。馬首上有小金屬管，管中束著一小紮迎風飄逸的羽毛。馬鬃有三處突起，有些編成辮子，有些長短相間，這種編馬鬃的形式、箭筒乃至於鎖子甲，都在唐朝時期流傳至中國。居間傳播的伊朗功不可沒。

隨後，我們又發現了幾處作為禪房的窟穴，窟穴中有造形美觀的石椅和炕。其中有一個石窟，它的外牆上開有一個小窗洞，從窗洞望去，可遠眺外面壯觀的風景，將蜿蜒的河流和荒涼的山谷盡收眼裡。

另外，有些石窟在藝術史上頗為重要，因為它們顯示出壁畫作畫的層層步驟。有些牆壁顯現出已被漂白、平整過的痕跡。有些則畫有網狀格線，以便畫師作畫。這些格線是一個套著一個、漸漸縮小的矩形，中間以對角線貫穿。畫師畫時只要將蠟紙鋪在格線上，便可依樣畫葫蘆。有時在區隔線旁有行梵文或吐火羅文的小字，提醒畫師應當注意的事項，像是「這裡畫佛陀，那裡畫羅漢」等等。

在第二組石窟群中，有一個石窟被我們喚作「船夫窟」。「船夫窟」是一個長方形的石窟，在長的那面繪有海員行船圖。格倫威德爾成功地確認了兩面壁畫的主題（見圖77）。在圖畫的下方有莨苕圖案之橫飾帶，中間綴以稚子像與成人像，還有晚期古典形式的朱庇特與古埃及神祇、比丘像，最末端還有骷髏。

「船夫窟」旁還有一座石窟，但大部分傾頹，只賸下一座石基。基座上有一個巧奪天工的希臘化時期風格的雕像。在內側牆基還有一座石座，我們在石座的右側找到一個可愛的石柱（見圖84）。石柱上刻了一隻象足，象足上有一顆扇著大耳朵的象頭，象鼻蜷曲於象足旁，兩眼眼窩邊緣的突起處狀似女人的胸部，在這個圖像頂上，則有一個後古典時期風格的仕女頭像。

格倫威德爾相信這座石柱的形式，有可能摹倣龐貝古城的人像基座，像是猛禽棲止於一顆球上，或是猛獸腳旁有一隻有翼怪物等，為的是用同樣的東西表現兩種主題。也許當地人曾經目睹類似的支座，並予以摹倣改良吧！

在溪谷另一側的東方，我還發現了半座傾頹的石窟，只是窟頂已不見蹤影，側牆也僅餘六呎高，其餘則埋在土石堆裡。這石窟的惹眼之處，是其壁畫與龐貝古城的壁畫十分神似。人物的輪廓和披布、服飾，甚至顏色也頗具希臘風格。雖然我希望能將這些畫原封不動地運走，不過格倫威德爾卻不太喜歡這些畫。後來他在臨摹畫時，一個不小心將鬆鬆垮垮黏貼在牆上的壁畫給剝了下來，我們僅來得及從土石堆中搶救到一些殘片。

在土石堆中，我還發現了一尊漆金的小木身犍陀羅佛像。

因為在這座石窟的壁畫中，其中一幅畫有犛牛拖車圖，於是我們就叫這座石窟為「犛牛拖車石窟」。

在這座石窟東側，還有些年代較早、建造得美侖美奐的石窟，它們的窟頂都修建成藻井式，極其美觀。

在亞美尼亞、興都庫什、帕米爾高原、喀什米爾與拉達克的民宅裡，仍保有這種藻井式天花板（見圖83）。它是由木桁垂直相交形成的井字形所構成，最下端的最大，最上層的最小，彼此層層相疊，上一層的角，恰好貼在下一層邊線的中點上，而最上層的一圓形則形成一個天窗（impluvium）[12]，讓空氣和光可以透進來，同時也讓燒炭產生的黑煙從天窗曳出。

另外，在克孜爾和克日西的山丘上，也曾發現具有伊朗式樣藻井的石窟，這些石窟在谷地南側，一概坐南朝北。

擁有這類屋頂的寺廟建築，年代最古老的是現存於阿富汗巴米安的佛教遺址。後來，這類木造結構開始被運用在石窟中，而且鑿刻得非常精美。在喀什米爾的這類石窟，則明顯受到古典藝術的影響，有著十分美麗的石雕。其中有些石窟的窟頂，其富麗堂皇的圖案可媲美埃及神殿。其中的雙頭鷹圖形，更明顯是古典該尼墨得斯風格的一種變體。

而在更向東的較近代石窟裡，窟頂則不再模仿木構藻井從岩石頂開鑿成井字形的做法，而是將藻井圖案畫在天花板上，因此在中國較為現代的石窟中，藻井成了一種平面圖飾（見圖74），而在韓國，許多佛教石窟中則仍然有由岩壁鑿成的藻井。

正當我們忙得焦頭爛額時，我們又聽說有第三處不為人知的石窟群。可是從第二處到第三處石窟群，要走一條狹仄崎嶇的山路，山路下臨縱深達四分之一哩的深淵，谷地有一條小溪奔流。由於別處的山門都毀損過半，惟獨這裡的山門完整無缺，因此這裡的八座石窟群也有其特別的重要性。

其中，有座石窟的壁畫畫的是巨人帶領孩童過河的題材，這可能是模仿自基督教聖克里斯多福（St. Christopher）與童稚時的基督的故事。

另外，描繪佛陀圓寂的幾幅壁圖也引人入勝。在其中的一幅畫中，前來致哀的人群都穿著當地的傳統服裝。這些人是貴胄王孫與名媛淑女，他們以極誇張的肢體語言來表示心中的悲痛——有人取出匕首戳刺額頭，或在胸前揮舞。在東方，這是一種頗常見的表現哀痛的形式。目前這幅畫也正在柏林民族學博物館展出。

在大有斬獲之後，我們決定前往庫爾勒—焉耆綠洲。我們之前在前往喀什噶爾和格倫威德爾會合的途中，曾探訪過當地的千佛洞，如今我們舊地重遊，希望能滿載而歸。

【注釋】

1 伽羅琳王朝：九世紀初由查理曼大帝所建立的帝國，被視為是羅馬帝國之復興，其版圖包括不列塔尼外的法國、德國低地區、義大利中北部、波希米亞等地。該王朝的藝術風格，極力模仿希臘羅馬的古典藝術。

2 霍爾班：一四九七—一五四三年，德國肖像畫家，一五三六年為英王亨利八世的宮廷畫家。

3 范載克：一五九九—一六四一年，法蘭德斯的肖像畫家，後來旅居英國為宮廷名流畫肖像。

4 喬叟：一三四〇—一四〇〇年，英國中世紀大詩人。其大作《坎特伯利故事集》（*Canterbury Tales*）描繪中世紀英國各個社會階層的眾生百態，栩栩如生、細膩動人，為中世紀英國文學中劃時代的作品。

5 尼布龍根之歌：德國民族敘事詩，集古代日耳曼英雄美人傳奇故事之大成，成書大約在一二〇〇年左右，作者不詳。

6 艾森巴赫：約一一七〇—一二二〇年，德國詩人，其長兩萬五千行的史詩《帕爾齊法爾》（*Parzival*）是中世紀最深刻的文學作品之一，吟詠騎士帕爾齊法爾的冒險故事。

7 福格魏德：約一一七〇—一二三〇年，是中世紀最偉大的德國抒情詩人，著有《菩提樹下》（*Unter der Linden*）的名篇，誦讚田園生活之樂。

8 赫丘力士：為希臘神話中力大無比的英雄，死後被奉祀為神。

9 伊特拉斯坎藝術：為西元前七—二世紀在今義大利托斯卡納地區盛行的藝術，為義大利、希臘和東方元素的混合。

10 朱諾：希臘神話中的天后，為天神朱庇特（Jupiter）之妻。

11 柴里尼：一五〇〇—一五七一年，為義大利佛羅倫斯著名的雕刻家與雕金家。

12 impluvium 為拉丁文，指羅馬式房舍的天窗。

第九章

在庫爾勒——焉耆綠洲的工作，以及喀什噶爾之行

碩爾楚克石窟群

在庫爾勒與焉耆之間，距離焉耆城西約莫半天的輕鬆路程，有座設有客棧的小村。這裡的山脈自西北方隆起，具有天山南路特有的荒涼肅殺之氣。在距客棧兩小時路程的距離，有一座古城，還保存有一面完整的城墻。這座古城是長方形的，城西被兩條南北向的平行山脈截斷。山間有大大小小的石窟，在東南邊更有大量波斯圓頂建築，被當作舍利塔來使用（見圖86）。

在這些圓頂建築中，有些比較小的建得頗為粗糙。一般而言，如果我們將圓頂置於方形建築之上，圓頂必然無法涵蓋四個角落，但是在精心的設計下，建築師會以貝殼形屋頂來遮蓋四個角落。但在這裡，建築師似乎稍微投機取巧。他們的做法是用厚實的桑木或白楊木板平放在未被蓋及的四個角落上，其上再覆以厚厚的一層泥土。

在平行山脈的北端，有一處低濕地，這裡有條小灌溉渠道隆起，從西北方貫穿城市中心。

正如其他我們曾探索過的古城一樣，這座古城也不例外地都是寺廟與墳場。在城中，沒有一座建築與宗教無關。

我們在此地孜孜矻矻埋頭苦幹，忍受盛夏溽暑、蚊蚋滋擾之苦。這裡的蚊蟲在向晚時分尤其猖獗，還好我們備有蚊帳，否則又難逃遭嗜血蚊蚋大啖之災。另外，這裡還有馬蠅肆虐。巴圖斯的灰馬只要一出來，立刻就被咬得血跡斑斑，連人也不能倖免，往往被咬得遍體鱗傷，倒是我的棕馬似乎老神在在，比較不受影響。

我注意到，馬蠅主要有兩種，一種綠眼體大呈黃棕色，另一種綠眼體長扁呈灰色。

不過，奇怪的是，我們在此地吃得還不錯。這裡的河灘低濕地鹽分含量不高，形成了一片青蔥牧場，許多綿羊和山羊便在這裡生養滋繁。

古城中的一些大型古廟倒無甚可觀。這古城當年毀於一炬，而灰燼則在驕陽烤炙下，堅硬如石。不過，儘管如此，我們仍能發現一些雕塑殘片，散亂四處，形式則清一色是犍陀羅晚期古典形式。即使是在波斯式圓頂上的小尖塔，也飾有比真人還大的神祇立像，一樣是晚期古典形式。

這些古廟的壁畫無一倖存，不過我們發現附近的石窟大半為土石掩埋已久，於是我們決定放棄古城，前去探索石窟。

在這些石窟中，我們發現了大量經文手稿、繪畫與雕塑；格倫威德爾也空前絕後地表示願意主持挖掘工作。他找來十名工人，四下尋覓，最後選定一處頗具挖掘價值的石窟。選定後他便著手工作，但由於他與工人溝通不良，加上挖掘時塵埃飛揚障人耳目，使他心浮氣躁，終於認定這裡不值一挖而放棄。後來巴圖斯接手，繼續努力，當他清理掉地上的土石堆後，立刻找到以早期印度字體書寫的珍本。

不幸的是，有鴿子曾在窟內作窩，由於牠們以石南紅果實為食，因此所排的糞便也是紫紅色的，並且滲透到許多寫本上。

我們在這裡也找到大量彩繪雕塑。它們的顏色仍然保存完整，這在東方石窟中是極其罕見的，自然也相當具有重要性（見圖85）。

有一天，當我們正在最北的一座石窟尋寶時——我們叫這座石窟為「城窟」，因為它的壁畫中繪有一座城市——突然天色昏暗，大雨傾盆而下，雨勢之大，我在中歐或北歐都不曾見過。

我曾經聽說，這個時節這裡一旦下雨，就會一發不可收拾，於是我勸喜歡走路不愛騎馬的格倫威德爾，立刻動身返回營地，他從善如流地離去了。

滂沱大雨越來越強，我和巴圖斯把我剛剛在「城窟」中發現的經文手稿以雨衣打包後，立刻跨馬飛奔離開。我們的雇工則寧可留在山洞裡，生火取暖鋪上毛氈席地而睡。結果，格倫威德爾離去後不到四十分鐘，滔滔濁流已經自山溝裡狂瀉而出，當時我和巴圖斯正騎馬穿越一處緩坡，我看了大驚失色，因為山洪現在雖然還不大，但頃刻間就可能漲到人頭的高度。

還好格倫威德爾速度夠快，走山路如履平地，他在情勢變得無可挽救前，安然穿過所有最危險的地帶。不過，等他回到客棧，早已淋成落湯雞，渾身顫抖。暴雨可說是我們在此地的一大剋星。每下一次大雨，如注的雨水會穿透由柴板和黏土搭成的屋頂，挾帶著暗褐色的煤灰與泥土，由冒著騰騰白氣的橫樑漏下。我們的床首當其衝，立刻便會遍布泥漿，慘不忍睹。

這場暴雨不幸造成兩個人的死亡。有三名來應徵的庫爾勒工人趕著驢子，沿著陡峭的山路行走，結果在半山腰遇上暴雨，三人中後來只有一名工人活著走到我們工人躲雨的石窟，但他不僅凍僵了，也疲憊不堪。至於他的兩名夥伴，卻連同驢子一併失足落到山溝裡。我們知道後，派人帶著衣物乾糧前去救援，卻只找到他們的屍體。

山區暴雨造成氣溫驟降，其轉變之大令人吃驚。此地無所不在的暑氣，使人平常不得不僅穿著薄薄的一件衣服，但一旦暴雨來襲，溫度銳減，只穿單薄的衣物又會凍得人四肢僵硬。

我們在下暴雨的那天挖掘出經文手稿的「城窟」位於山脈北側，由於埋在土石堆中已久，只有門上方還留著一個小開口，門口則堆積了如山的土石，一側向外，另一側斜傾入窟室。

我總共找了四十名工人來清理掉這些堆積如山的土石，再將窟室清理過後，我在地上一個一碼高的土堆中，發現了大量印度文寫本，其中又以吐火羅文寫本數量最多。它們散亂地和原本該在正殿內側牆中央，但如今已粉身碎骨的佛像破片堆在一起。

從現場的情形看來，我推斷這些寫本原先是藏在佛像裡，後來賊人光顧，他們知道佛像裡面通常有珍貴的裝臟，於是打破佛像，將金銀珠寶盜走，留下對他們毫無價值的手稿。當時窟裡已經堆積了一碼高的泥土了，我雖然再往下搜尋，卻沒有新的發現，由於泥土在受潮後已經結成硬塊，我只好罷手。格倫威德爾也從吐魯番再次出發探察碩爾楚克，並更加仔細檢視我業已清理部分的壁畫，可惜的是大多數已經毀損。

巴圖斯則在古城遺址中又有斬獲。他在掘開一處原為工作坊的窟穴後，於土堆中發現了大量灰泥模型。

從地理與政治的角度看來，整個焉耆與庫爾勒地區都十分重要。因為要到南疆其他各地，不是得翻越崇山峻嶺、狹關險隘——最矮的關隘也有白朗峰高——就是得橫渡危機四伏、無涯無邊的沙漠；但是到焉耆卻可以一路暢行無阻地沿著伊犁河谷走。在這裡，水源豐沛的山溪匯注成河，由於水源不虞匱乏，因而有富厚的水草，足供遊牧部落生息其間，像卡爾梅克部族便是由西北方進入塔拉斯河（Tal）。他們是土爾扈特部族，在焉耆附近搭蒙古包，過著刻苦的生活。

有一回，我們在路上邂逅一座蒙古包，主人邀我們進去喝茶飲酒。結果他自己反而喝得酩酊大醉，把我們誤認為俄國人，他以突厥話對我們所做的恭維「Sizlar bizga yaqin」（我們都是一家人），也因此變得有點雞同鴨講了。

正如今天的蒙古人在此地逐水草而居一樣，當時的遊牧民族也同樣以此地作為進出南疆的門戶。當年吐火羅人（月氏）出中國，應該也是經由此地進入伊犁河谷。而長久在焉耆綠洲當道作主的西突厥人，也必定是走這條路線，因為在我們看來，石窟牆上穿著突厥服的統治者，並不是回鶻人而是西突厥人。根據我們手上的編年史，這個綠洲的石窟，年代都早於回鶻人的時代。因為就我們所知，回鶻人一直要到七六〇年以後才征服吐魯番，而我們判斷，碩爾楚克石窟和其壁畫的年代，則大約在八年紀中葉。

重返喀什噶爾

這時候有消息傳來說，斯坦因爵士有意從羅布泊前進到沙州和吐魯番，因此我堅持格倫威德爾應立刻啟程前往吐魯番，因為在那裡木頭溝附近的柏孜克里克石窟，我應他的要求，原封不動地保留了好些石窟給他挖掘。由於這時我患了赤痢，病情嚴重，所以不得不和格倫威德爾、巴圖斯和米拉伯道別，隻身前往喀什噶爾。

在向遠征隊夥伴辭行前，我打包好數箱文物古董，將它們以貨車先運走，其中有我發現的經文寫本，還有幾箱格倫威德爾托我保管的素描與蠟紙。隨後我騎馬追上貨車。在路上，我停留在一處客棧過夜。在這六月底的大熱天裡，客棧裡沒有幾個客人。晚上我吃了些餅，又用隨身攜帶的茶壺和杯子喝了些茶。另外，我也帶了一張毛毯，以及一件當作被子的棉毛法蘭絨斗篷。

為了防賊，我的馬和我同房，由我親自照料。在客棧裡，我用一枚歐布魯斯（Obolus，以前歐洲通用的小硬幣）向猛打瞌睡的店東買了些苜蓿秣料。

還好這一路上絕無迷路的可能，因為照著電線杆走準沒錯。這一路走來，就以在第一個休息站叫我最感寂寞。路上行人絕跡，一直要到過了阿什瑪以後才遇得到人。而就在抵達英吉沙前，我注意到路旁有座顯赫的祠堂（當地通常喚作「和卓木」），名叫「黑髮墳」（Kara sāch mazārī）。廟旁有一口甘冽冰涼的山泉，山泉最後注入一道溝渠，渠道兩旁覆滿了細長黑莖羊齒植物。至於這口山泉何以如此神聖，我則不得而知。

而當我由布古爾（即今之輪台）前往庫車時，一路上倒是引起不少騷動。有許多我以前的病人認出我來，所以當我抵達的消息傳開後，很快地，許多男女老少執壺提漿地擁到客棧來看我。在這個地區，有一種特別甘甜可口的李子，同時具有青梅與杏仁的風味。只是由於我赤痢的症狀益形嚴重，叫我不得不自我克制口腹之慾；此外，牙痛也仍然要了我半條命。不過，雖然如此，當我在莽莽草原上策馬迎風奔馳時，仍然有如喝了香檳般地精神為之一振。尤其是當我追逐著落日餘暉的腳步，向遠方通紅的火球疾馳時，隨著腳步一步步接近故園，心中著實難掩興奮之情。

一路上，我必須橫渡不少自北流來的小溪。這些小溪的河床頗深，河岸陡峭且亂石累累，我必須在中午——或至少下午兩點鐘前，穿過這些河床，一旦遲了，高山融雪就會奔騰匯聚到平原上。到那時，紅棕色的山洪以無堅不摧的態勢洶湧來到，任何遇上山洪暴發的行旅，即使在河岸高處，也難逃一死。

當我抵達庫車時，很高興地發現我的老僕人艾岡巴爾底（Egambardi）也正在城中。當初他是因為患病無法隨行，所以便留在庫車。而此時的我由於一身是病，十分虛弱，正需要一名僕役——尤其需要一名良廚伺候。

而艾岡巴爾底正是個一流的烹調大師，他調理出的粥（conjee），入口即化，對我大有裨益。

在庫車候車返國時，我也抽空拜訪故人——罕薩郡王（prince of Hunza）米拉・薩夫達爾．阿里（Mīr Safdar Ali）。他是一位極權統治者，統御著驍勇善戰的子民。罕薩[1]是位於喜馬拉雅山區的土匪幫，此地的居民就是遠近馳名的坎巨提（Kanjuti）[2]人。他們往往埋伏在葉爾羌和列城之間的路上伺機而動，攔路洗劫商隊，人財一併擄走，並在中亞各地販售擄來的人。

由於米拉．薩夫達爾．阿里曾經擊潰英國人的軍隊，於是英國派了杜蘭上校（Colonel Durand）領軍攻打他。在這場戰役中，罕薩人頑抗不屈，不過最後他們的據點還是被攻破，他們固若金湯的城池罕薩也被拿下[3]。戰敗後，郡王逃到南疆，俄國人一個月提供他二十五盧布花用，並且庇護他，讓他過得像個王爺一樣闊綽。俄國人的如意算盤是，希望有朝一日能再利用他來對付英國。不過，他們這次的算盤打錯了，因為我後來得知，郡王親手殺了自己及他大臣一家大小五十六口，然後自殺。

他的子民對他又怕又恨。

從外表上看來，他像是個歐洲人，淡棕色眼睛，長得虎臂熊腰，留著淡棕色的頭髮與鬍子，右耳下的臉頰附近長了一綹白髮，更增添他詭譎多變、深不可測的神情。他出身於喜馬拉雅山山區的王族貴胄，血統可上溯至亞歷山大大帝（Alexander the Great）。

罕薩人以及鄰近的那吉爾（Nagyr）[4]居民，都自稱為布里希人（Burish）。他們的語言就叫作布里希語（Burisheski），這種語言自成體系，與目前世上所知的任何語言都沒有關係。

由於我必須在庫什塔瑪後橫渡木扎爾特河，偏偏那時河水水位高漲，無法涉水而過，我只好將裝有貴重物品的行李箱放在拖車上，然後人車一起乘上木筏渡河。木筏順河下流，一路上險象環生。在靠近某一河灣處有一小沙洲，左側是激流，右側則是一灘幾乎文風不動的淺水。縴夫在河灣拉船，憑藉激流推送的力量，先將船靠近小沙洲，然後再將船導引至另一側的淺水灘，這其間折騰了不少時間。

而在察爾齊克與札木台之間，我們得通過搖搖欲墜的吊橋，穿越三條急流。在通過最後一條吊橋時，有輛載有經文寫本的拖車傾斜，倒在吊橋的纜索上，還好所有的人立即前去搶救，才避免拖車翻落谷底。我一路上為了這些珍貴的文物，心中七上八下、忐忑難安。

在阿克蘇，我惹上了點小麻煩。因為當地的道台是新官上任，並不認得我；而且我先前忙中有錯，拿了巴圖斯的護照，而把我自己的護照留在巴圖斯那裡，使得道台不免心生狐疑。最後還是打電報請馬繼業領事幫忙，才算擺平這場風波。

中國的護照是一種藝術品。護照上擁有者的姓名、個人特徵等，以玉石圖章上的篆刻字體寫成，還有朱紅色的關防。在護照正面上方有一個高四吋，以黑線描成的三角形。

文件本身的面積大約為八平方英寸。正本外還複製一本副本，正副兩本各在中線對摺並對齊邊線後並排在一起，然後由核發護照的官員在正副本接合處蓋上朱紅關防，官印一半在正本上，另一半在副本。旅人拿正本，副本則留在官署裡。由於官署會將副本的複製本送到旅人所到的各州縣，所以每到一處旅人必須出示護照與複製本相驗。正副本上的關防必須完全吻和才能放行。

在阿克蘇，我也拜會了阿克蘇郡王。阿克蘇王有名無實，就像當地人所說的是一個「希茲馬特卡王」（khizmat-kar-wang），也就是「附屬的王」。在南疆，只有哈密與魯克沁的郡王擁有實權，他們的頭銜是「門列凱特王」（mamlakat wang），或稱「王國之王」；但就算是他們，也得受清廷的約束管轄和監視。

由於那時正值盛夏，酷熱難當，所以我必須白天休息、夜裡趕路，拖車則由一位阿克蘇衙門派來的兵士押送。

當我在另一名兵士的引導下，由策大雅湖出發時，時間已是淩晨一時，天地一片漆黑。兵士邁開大步前進，突然我聽見撲通一聲，緊跟著傳來的是呼救聲；原來他連人帶馬一起掉到一個六呎深的水坑裡，我費了許多精神氣力才將他救出。

我還發現，這裡的居民突然變得不友善起來。原來在我之前，有幾名英國軍官路過此地，他們的印度回教僕役衣錦而行，招搖過市，卻被以為是法國人。由於這些下人對突厥客棧的老闆與農夫頤指氣使地使喚，一下要雞，一下要蛋，需索無度之後又賴帳，把主人給他們買食物的錢全部中飽私囊，終於引起了此地居民的不滿。在此我誠摯希望，為了歐洲人自身的形象，歐洲旅人的印度或其他亞洲僕役的穿著，最好能與歐洲人截然不同，以免魚目混珠，造成令人難堪的誤解。

而這些英國軍官由於言語不通，自然無法得知下人們的惡形惡狀。

至於剩下往喀什噶爾的旅途，一路上則乏善可陳。

【注釋】

1 罕薩：為與都庫什山與喀什米爾谷地間的一處歇腳站，周圍環繞勒格博希峰等高山。

2 坎巨提：位於喀什米爾與喀喇崑崙山之間。——審注

3 這段近似天方夜譚的軍事行動，記載在耐特（E. F. Knight）文筆流暢的小書中，書名為《三國鼎立相爭》（*Where Three Empires Meet*），隆曼斯（Longmans）出版社，倫敦，一八九七。——原注

4 罕薩和那吉爾就位於喀什米爾和新疆，喀喇崑崙山區之中，其西為瓦罕地區。——審注

第十章

翻越喜馬拉雅山踏上歸途

翻越喜馬拉雅山

一九〇六年七月三十日，我回到了喀什噶爾，再次受到英國總領事馬繼業（上回見面他仍是領事）的熱情接待。那時我病得很重，馬夫人對我細心看護，還讓我在她屋裡（見圖87）養病。由於俄國此時爆發革命，所以我也不可能照原計畫穿越俄國返家。

當我健康略有起色，我便一心急著要讓寫本有個安全的歸宿，於是我決定翻越喀喇崑崙山口取道印度回國。原本馬繼業考慮到我的健康不佳，並不贊同我這麼做；正巧當時隸屬印度俾路支省（Baluchistan）奎達（Quetta）[1]砲兵兵團的英國軍官謝爾（J.D. Sherer）上尉[2]正在喀什噶爾。這位軍官原是帕米爾高原的獵熊人。於是，馬繼業向謝爾提議，由他同行，一路上也好有個照應。

謝爾欣然同意，不過我們還得先找到良駒代步才能上路。於是我們一同前往和闐。從喀什噶爾前往和闐原本需時十七天，我們卻在十二天內趕完全程。

一路上我們經過沙丘沙漠，萬里黃沙，數里內一滴水也沒有，旅人只要稍微走岔了路，大概就得命歸黃泉了。還好沿路都有白楊樹幹作為標記，做法正如美國德州「伊拉諾艾斯塔柯多沙漠」（llano estacado，被詛咒的荒漠）。這兩處沙漠有著同樣令人喪膽的邪惡氣息。

在距卡爾噶勒克（Kargalik，維語為烏鴉之地，即今葉城）不遠處，有一間由阿古柏所建，在此區屬最好的客棧。它是以燒過的磚建築而成，名叫「恰拉克拉葛爾」（Cholak Langar），意思是「獨臂人客棧」，取名自己被人遺忘的舊日店東。在這裡我們巧遇蘇格蘭駐外記者大衛・弗萊澤（David Fraser），共度了一個愉快的夜晚。

兩年後我在倫敦的「英國皇家亞洲學會」（Royal Asiatic Society）與他重逢，當時我正受邀至該學會演講。由於他後來在跟隨歐本海默（M. von Oppenheim）進行遠征考察時，被貝都人射斷了一隻手臂，所以他指著自己一隻空蕩蕩的袖子，笑著談起當年曾和我投宿過的「獨臂人客棧」。

我和謝爾在葉爾羌還碰上了瑞典佈道團，在其中我結識了拉奎特大夫（Dr. Gösta Raquette），他為我填補牙洞，救我脫離苦海。他的充填物十分耐久，我直到隔年一月抵達柏林的頭一晚，一頭躺在枕頭上時，牙痛才又開始發作。

葉爾羌是一個富庶繁榮的大城，城裡有不少市集。我們和英屬印度商人中一位綽號叫「阿克薩卡爾」（aksakal，意為「白鬍子」）的人同住，他的本名叫賴伊（Rai Sahib Bhuta Ram），他還慷慨地把自己的花園別墅借給我們住。

他的花園裡步道很少，由於園子必須以人工渠道灌溉，是以園裡反倒交錯縱橫著許多渠道。我還記得有一整排枝葉俊茂的胡桃樹，這種樹在當地十分普遍。另外，在庫車附近的克日西，我也曾看過幾株胡桃樹，不過在北部倒是不多見。

他聽說我的箱子裡收了好些印度經文寫本，便要求我拿出來讓他見識見識，同時也讓他頂禮膜拜。我遵命行事，而他也備妥鮮花清水。在箱子上散花灑水後，他和一些朋友則神情肅穆地繞著箱子行走。我發現我在場會干擾他們，於是暫時走開。他們對先人抄寫經文的智慧成果，其虔敬之態度實在令人動容。

我們也在這裡碰上一名法國指揮官拉寇斯特（Commandant de Bouillane de Lacoste），他稍後在阿富汗四處旅行。我們和他共進晚餐，由於他也喜好打獵，和謝爾立刻話語投機地彼此交換心得。我對謝爾獵熊的故事總是篤信不疑，而拉寇斯特則認為謝爾有誇張之嫌，不免令人莞爾。

當一切準備妥當後，我們便動身前往印度。這趟旅程走來並不輕鬆，雖然我們走的是一條商賈來往必經的要道，但在天候不佳的情況下，仍是阻礙重重、危機四伏。就曾有一名阿富汗商人，浩浩蕩蕩領著幾百匹小馬從列城出發，但當他到達和闐時，小馬卻只賸下三十五頭！其他的，全在暴風雪中喪生了。

所以，如果商隊在路上碰上這類天災，他們便會把商品從牲口背上卸下，然後在出事地點附近找一處地勢隱蔽的地方，把商品堆放藏好。

等到風暴過後，商隊會再找馱獸來把這些貨品運走。而在他們的道德規範中，嚴禁有人在此情形下趁火打劫。一路上，我們便發現不少這種堆置在路旁的貨品。

我們以每匹馬四十五盧布的代價，向阿富汗商隊領袖購買小馬來馱運我們的行李，而後在秋高氣爽的天氣裡自葉爾羌出發。我們安排每四匹馬有一位專人照顧，但沒想到才剛出城門，馬匹立刻四散逃逸。原來這些馬吃飽喝足、精神奕奕地上路，但因路上顛簸，箱子又相互碰撞，引得牠們一陣驚惶。霎時間，箱子翻覆，馬匹逕自脫逃，馬伕則在後窮追不捨。好不容易，雇工追上牠們，重新上貨。這麼一折騰，就耽擱了數小時之久。接下來的旅途中，同樣的烏龍又一再發生。最後我只好花錢雇用些小廝，讓每匹馬都有專人看管照料。這一招果然奏效，我們就這樣一路來到山區，才打發這些臨時工走路。他們拿了筆豐厚的酬勞，歡天喜地地走了，而狂野的馬匹在碰上了崎嶇難行的山路後，也頓時變得溫馴不少。

由於已值歲暮隆冬，於是我們選擇冬季路線——越過庫克牙（Kokyar）。這是我們在未來八週裡，唯一能睡在屋頂下的一夜；只是客棧到處是肥大的跳蚤，逼得謝爾不得不一直用袖子來撣掉跳蚤。不過，對我而言，跳蚤除了活蹦亂跳令人心煩之外，倒也無傷大雅。至少和蝨子比較起來，跳蚤在阿拉創造的萬物中還算是益蟲——在前文中，我已經提過我們曾以功效奇佳的水銀三明治來對抗蝨子。

這一路上，我們必須沿著提孜那甫（Tisnab）河道，翻山越嶺。每當河邊陡然聳起直衝雲霄的懸崖峭壁時，我們要嘛就得爬上絕頂，翻過山頭再下來；再不然，就得涉水過河，從河對岸較平坦的路線通過。就這樣，我們一天大概來來回回要渡河三十至四十次，其中有一天我們甚至渡河六十四次（見圖88）。

由於河邊通常不會有渡船，所以我們必須騎馬過河，這過程當然險象環生，因為河底會有深坑、滑石、暗礁等潛藏危機，只要稍一不慎，便有滅頂之虞。

有一次，一匹駝有茶具的馬，便一腳踩進一處深坑。因為裡面收著水壺、茶壺、糖碗等器皿的皮箱，打包時僕役粗心沒有鎖好，馬背一掀，箱蓋彈開，我在葉爾羌買的上等茶壺一瞬間就隨波逐流了。由於水流湍急，根本沒有搶救的可能。一名拉達克人一個箭步上去抓住茶罐，才將茶葉搶救回來，但糖和奶精已經了無蹤影。

謝爾有三名高頭大馬、來自喀什米爾的僕人。他們登山時健步如飛不畏不懼，但在另一方面，又像是典型的喀什米爾人一樣，遇事猶豫不決，無法獨立行動。看馬的人有的是突厥人，有的是來自喀布爾的塔吉克人（Tajiks），另外還有些巴爾蒂斯人（Baltis）[3]、拉達克人、阿富汗人以及一名吉德拉爾（Chitrali）[4]人。我的僕人艾岡巴爾底也從馬爾吉蘭（Marghilan）[5]趕來，加入了我們。

在葉爾羌時，我們認識了一名混血阿富汗人，他的父親是阿古柏麾下的大將，母親是喀什噶爾一名突厥地主的女兒，他自己則是孟加拉第九槍騎兵團無委任狀的軍人，和大衛·弗萊澤（David Fraser）一起來到南疆。他是個忠誠可靠的人，我們一路上結伴而行，一起前往拉瓦平第（Rawal Pindi）。後來由於謝爾生了場大病，我們兩人還因此同甘苦、共患難了一場。

在一萬三千英尺的高度，人們通常會感到呼吸困難，馬匹也會因空氣稀薄而發生同樣的情形。但行旅又不得不騎馬，因為用步行只是徒然增加心臟的負荷。而登山用的馬匹雖然總是步步為營踏實地走，卻喜歡走在下臨萬丈深淵的山路邊緣。由於我很容易頭暈，這種走法總讓我提心吊膽，還好魯克沁王送我的辟展（即今之鄯善縣）棕馬沒有走山路邊緣的習慣，這讓我一路上安心不少。

沿路的休息站，名稱可說是千奇百怪，無奇不有。有些甚至是拿曾在那裡打尖過夜的商人發生過的一些芝麻小事來命名的（見圖89）。像是「Gruc Kaldi」（忘了米客棧）、「Chiragh Kaldi」（忘了燭台客棧），或是「Daulat Bak Oldi」（郡王駕崩客棧）等。其中的「郡王駕崩客棧」靠近喀喇崑崙山，據說它之所以有這個怪名字，是因為喀什噶爾蘇丹薩伊汗（Said Khan）在遠征西藏返國途中，因高山症駕崩於這座客棧。

平地人爬山常會有高山症，惟獨西藏人有免疫力。不過，西藏人如果長期待在印度大平原上，則幾乎毫無例外地會死於肺氣腫或其他胸腔疾病。突厥語中的高山症為「亞斯」（yas）或「圖塔克」（tutak），波斯語中則作「搭姆」（dam）或「搭姆吉里」（dam-giri）。患有高山症的人會有頭疼、噁心想吐等症狀，然後會開始發狂、說囈語，有時甚至會喪失語言能力；末了則手掌和腳跟開始腫脹，患者往往在一夜之間即嗚呼哀哉。

奇怪的是，在海拔比喀喇崑崙山口低的山隘上，高山症出現的頻率不但高而且發病猛；而喀喇崑崙山雖然高達一萬九千六百八十英尺，但高山症的發病率反而少於沙希爾山口（Saser Pass）。沙希爾山口雖不高，卻因高山症的發病率高而惡名昭彰。

雖然我們都有定時餵馬，但到了夜裡仍要放馬吃草，讓牠們去刨掘雪地中的乾草吃食。馬匹經常會四方遊蕩，我記得有時候一早醒來，常發現馬兒都已不知去向，鬧得看馬人還得四處尋找。所以，有時候我們早上本來打算要七、八點出發，卻常要耽擱至十一、十二點才能動身。

我們這一路上天氣都很好，這使我覺得前人所描述的種種危險似乎有誇張之嫌。不過，我很快就明瞭我的判斷下得太早。雖然我的健康已經完全恢復，但和我同行、高頭大馬的謝爾上尉，卻因空氣稀薄而病懨懨的。由於他堅持步行，更加惡化了他的高山症。

我以每頭一盧比的代價買了一群羊。這些羊通常在日落時分被趕進營地，然後我的喀什米爾僕人會在最原始的烤架上，烹調出風味絕佳的蔬菜燉羊肉湯，以及各式羊肉菜餚。另一方面，謝爾病重，嚴重到無法騎馬的地步。

到達德桑高地（Depsang Plateau）時，我出了一點小意外。德桑高地是一座被皚皚白雪覆蓋、荒無人煙且一望無際的圓形高原，高原四周環繞著為冰雪所封、狀似教堂塔尖的群峰山巔。在高原上行走，彷彿置身在一處下陷的地層。

由於我心醉神迷於當前美景，完全忘了馬隊的存在，等我清醒過來時，大隊人馬早已不見蹤影。我趕緊對空鳴槍，還好他們也以鳴槍回應，我才重新找到方向。

雖然我們這一路上都風和日麗，但據說在喀喇崑崙山口經常會有突如其來的暴風雨。喀喇崑崙山雖然高達海拔一萬九千六百八十英尺，但天氣好時還是可以暢行無阻。不過，一旦風雪驟至，便會變得寸步難行。我們在下山時，發現了薄雪草與髯鷲（又稱鬍禿鷲），它們都是此地唯一存活的生物。

一路上到處可見動物的枯骨或風乾了的屍身，並且還不時可以看到一些石堆，埋藏著不幸在半途身亡的商賈。

我們也路過一處標示著蘇格蘭人達葛萊施遇害地點的石標，但這座石標已經部分傾頹。

出了山口就是印度國境，我們讓謝爾在布爾齊（Burtsi）休息站療養。這座休息站的藏式名稱源自一種木本植物，它的根是當地居民唯一的燃料。

到了這裡，謝爾再也動彈不得了，我們不得不休息一天。我們紮營的谷地荒無人煙，四周環繞著寸草不生的高山，潺潺小溪流過谷地。融雪造成的山洪將土石沖刷而下，造成亂石纍纍的景觀。而地震的天崩地裂與大風暴的橫行肆虐，也在谷地造成滿目瘡痍的地理景觀，讓在此地過夜的人不免膽顫心驚。

商隊的人對這一天的駐留感到非常懊惱。馬的秣料、我們自己的補給品與柴火，都即將告罄。翌日清晨我前去探視謝爾，發現他已病得連頭都抬不起來。他的舌頭從舌尖至舌根都裂了開來，舌邊到另一舌邊也裂開了兩條縫，牙齒長了一層褐色的髒牙垢，咳嗽咳得像是全身骨頭都要散了一樣，還咳出褐色的濃痰。他高燒不退，夜裡神志不清。

於是我們不得不再多休息一天，但大家對此議論紛紛，最後才決定把謝爾連同帳棚（我一向露宿野外）、糧食、僕人與熟悉地形的兩名嚮導留在營地，我和商隊則逕自往接下來最困難的三個山口前進，我們打算一直走到拉達克境內，再找救兵來將他運走。

可是入夜後，商隊人馬人聲鼎沸，我聽說有人想開溜，我的突厥僕人也前來稟報，說有工人要半夜摸黑騎馬逃走，任由我們自生自滅。還好我多帶了一袋備用麵粉，而把麵粉和冰水攪拌正是大家一路上的主食。於是我立刻將一袋麵粉送給領隊，同時威脅說，我們會槍斃想開溜的人。那個晚上，我徹夜抱著毛瑟槍枕戈待旦，以防有人馬叛逃。所幸一夜無事。

第二天我們日出時啟程，肚子餓了只好以僕人做的麵粉團果腹。往後幾天，他每天將麵粉攪和冰水做成六個饅頭。由於麵粉是白色，他的手是黑的，所以只要幾個饅頭做下來，饅頭就變成黑的，手反而變成白的。

最後，在八天半內，我們穿越了恐怖的摩雷山口（Murghi Pass）與沙希爾山口，還有稍微容易翻越的喀路爾山口（Karaul Pass），來到努柏拉谷地（Nubra Valley）。在這裡，我們很高興能再看到綠樹、平原與如茵大地。

這地方地廣人稀，聚落與聚落之間往往要走上九到十二哩半的路程。所以當我們午夜時分來到位於拉達克帕那米克（Panamik）的一處藏人聚落，我立刻遣人挨家挨戶去買麵包。但這些西藏人沒有麵包，僅有些發芽的小麥[6]。當這些一貧如洗的居民拿出僅有的雞鴨、蛋和牛奶等，我馬上以高價收購，並派新雇用的苦力[7]搬運到可能的落腳點。此外，我也找了幾堆芬芳的杜松木，並派人運送到同一地點。西藏苦力身負重物在馬匹行不得的山徑上，健步如飛，如履平地。我們大隊人馬扛著厚重行李，原本要走上九天的路程，他們不消多久便走完全程。我拿到補給的食物後，一口氣吞下三顆雞蛋，好恢復體力；然後又找了名信差到列城，去找摩拉維亞宣教團（Moravian Mission）的隨團大夫——史維醫生（Dr. Shawe），希望他能跑一趟，並帶治療謝爾的藥方來。

我同時也派另一名信差前往距帕那米克十七天路程的斯利那加（Srinagar）[8]，請榮赫鵬上尉（Sir Francis Younghusband）前來。在信中，我說我已抵達帕那米克，但必須再回去將他的一名途中生病的同僚帶出山。途中如果發生不測，請他前來運走寄放在帕那米克的數口大箱子，裡面藏有屬於德國皇家財產的珍貴文物。我告訴他在哪裡可以找到錢與工資清單，請他替我資遣看守箱子的工人，並將箱子運到位於印度信德省（Sind）喀拉蚩（Karachi）的德國領事館。安排好這一切後，我找人做了一床擔架，並找來三十幾名西藏腳伕後，才上床就寢。

營救謝爾

第二天黎明時分，我帶著些口糧，夥同我的阿富汗僕人賴辛（Rahim Khan）去找謝爾。西藏腳伕則在前一天就動身了。

我們在萬里無雲的大好天氣裡，穿越了三個最為困難的山口，在第三天黃昏，終於回到謝爾營地所在的荒溝。

當我們站在陡峭的懸崖上向谷地下張望時，看見了謝爾的帳棚，他的喀什米爾僕人站在帳棚旁，正拿著謝爾的望遠鏡焦急地四下張望。當他發現我們，立刻高興地跑進帳棚裡通報，我這下知道謝爾還活著了。

我們馬上衝下陡峭的山坡，摸黑來到帳棚邊，發現謝爾不但還活著，情況甚至比我預料的還要好。他和他的僕人也喜出望外，他們沒想到我還會親自回來，更沒想到回來得這麼快。

他的僕人抱我下馬（我全身僵硬），並且為我按摩兩小時以示感激。在踏遍高山深谷後，享受一場按摩真讓我通體舒暢。

可是我們的問題來了，謝爾無法上馬。

翌日清晨，藏人抬著擔架來了，我把軟木塞床墊綁上去，再把病人牢牢綁在床上。這麼做，只要是山路夠寬，謝爾都還能舒舒服服地躺著前進。不過若是遇到狹窄到容不得人的山路，謝爾便得由苦力背著，走過這路段再放回擔架上。我們就這樣走走停停，終於來到摩雷山口。藏人背負擔架的技術真是令人嘆為觀止。這裡羊腸小徑似的山路通向冰層的邊緣，然後消失，又在冰層下出現；山坡下則是亂石纍纍，山壁上還封著一層厚厚的冰。在外側扛著擔架的藏人必須在石頭上跳來跳去，內側的人則必須在堅冰上配合著外側的腳步，他們以強韌的皮帶將左肩和擔架牢牢綁在一起。

苦力們就這麼一蹦一跳地扛著擔架行進，我跟在後面，一路上提心吊膽，深怕苦力一腳踩空，或是踩到鬆動的石塊，一下子連人帶擔架隨著崩落的土石一起落入萬丈深淵，但藏人身手矯健俐落，所幸沒有發生意外。

下坡時，我們穿越窄如城門的隘口，然後又再度上坡，眼前堆著危如纍卵搖搖欲墜的巨石塊。

由於我們第一關安全過關，我便輕鬆地吹起口哨來，但領隊立刻以手指貼脣示意要我閉嘴，並焦急地指著懸掛在我頭頂上的巨石。原來，太大的聲響可能會牽動山崩，落石則會將路邊的人壓得粉碎[9]。由於他的提醒，我們這一關就這樣過了。

接著我們一行人來到薩雅克河（Shoyak River），這河雖然不深，但其上漂滿了浮冰。藏人到達後脫下了毛衣，兩手高舉擔架，高喊著「Kadam alo, Kadam alo」，就這樣走進冰冷的河水裡。我騎在馬背上渡河，並且以登山手杖撥開順流而下的浮冰。

安然渡河後，大隊人馬像狗一般甩開身上的積水，再裹上毛衣，立刻又抬起擔架，一路上喊「Kadam alo, Kadam alo」地前進，謝爾實在受不了他們這樣大呼小叫，要我去制止他們，但他們表示不這樣便走不下去。

然後，我們來到了極難翻越的沙希爾山口。我們在山腳下一處藏人的休息站中打尖過夜。由於這些休息站的石牆很低，而且沒有屋頂，所以我們只能蹲曲在牆角，避避如刀割般的刺骨寒風。

就這樣在寒風中過了一晚，翌日清晨又出發上路。我們爬上一處冰河，沿著冰河外緣走到第二條冰河。由於路太窄，擔架過不去，而且路上還堆了一層剛下的雪；還好我有先見之明，事先帶了四頭犛牛同行。因為犛牛能在深雪中行進，所以我原本就計劃要利用犛牛來駝運謝爾。我用寬塑膠帶將軟木床墊綁在最強壯的一頭犛牛背上，再以皮帶將謝爾綁在床上。

可是犛牛才一邁開步伐，謝爾便大聲叫疼。原來在犛牛背上顛得太厲害了，謝爾的病體實在無法忍受這樣的顛簸。於是我們不得不把謝爾卸下來，就在此時，突然天色昏黑，陰風四起，霎時間颳起了來勢洶洶的暴風雪。

正當我們商量該怎麼辦時，商隊領隊走來告訴我說：「你們要不要留在這裡，得馬上決定。我們必須立刻往前走，因為一下子大雪便會封死山口。」我把情況和謝爾說了，由於實在沒有別的選擇，於是他騎著我身經百戰的馬，我自己則另外挑了一匹馬騎在他旁邊。我們讓犛牛先行，謝爾跟在犛牛後，我跟在謝爾後，然後駝運行李的馬隊殿後，就這樣我們強行通過這處令人喪膽的山口。由於風雪肆虐橫暴，我們根本看不見眼前數尺之外的路面，而且風勢強勁，風向詭譎多變，即使是藏人也心驚膽跳。

謝爾則一如英雄般置死生於度外。

費盡千辛萬苦後，我們終於穿越第二條冰河，到了一處坡路崎嶇難行的急降坡。暴風雪在肆虐數小時之後也平息了，太陽再度破雲而出。我們經過左側一個冰封的湖泊，湖水水面蔚藍，深處則轉為碧綠；冰層在陽光下閃爍著鑽石般璀璨耀眼的光芒，這令人屏息的仙境美景，是我們這一路上極為少見的。

我們在山腳下的一處休息站落腳，這個稱為托地亞拉克（Toti-yailak）的休息站位在一個由七條冰河圍繞成的小高原的中心。在山谷的一側淌著一條潺潺淙淙的溪流，每條冰河上都生出陣陣冷風，一陣比一陣冷，入夜後更是酷寒難當。所幸我的西藏僕役已經從雪地上掘出大量杜松柴枝，所以我們至少能在夜裡圍著營火取暖喝熱茶。

但在柴盡火滅之後，我們就得在漫漫長夜中苦苦捱著酷寒，等候黎明的到來。我們這時每個人都蓄了把大鬍子，因為根本連洗臉都不可能，遑論刮臉？我們呼出的氣息只要一落在鬍子上，鬍子霎時間就會染上一層寒霜。所以我只好脫下毛皮外套套住頭，在一只衣袖裡放了一把喀什米爾登山杖，透過衣袖呼吸。結果這晚我徹夜未眠，因為只要我一躺下身，胸口便像要窒息般地透不過氣來。在翻山越嶺的這八個星期裡，我從未曾脫下外套，也從未曾刷牙洗臉，因為皮膚只要一碰水立刻龜裂。

翌日清晨我們再度上路，來到一處為山溪所貫穿的小山溝裡。這裡的岩石上長滿了荊棘與野玫瑰叢，我們聽見鷓鴣啼聲，精神為之一振。總算又聽見生靈的呼聲了。

我們在映照著夕陽餘暉的山溝裡紮營過夜，過了安穩的一夜，第二天便向最後一關——喀路爾山口（Karaul-Daban）——挺進。這兒山路陡峭多沙，但幸好沒有結冰，還算容易攀爬。翻過山口之後，我們又再次來到小西藏境內的第一處聚落——帕那米克，我的人和車隊都在這裡等我，信差從列城回來了，不過只帶著些治療謝爾的鴉片。史維大夫因醫院院務繁忙，不克前來。

我們在帕那米克停留數天，以恢復幾天來所耗損的精神體力。在窮山惡水中扛一名病患闖出層層關隘，已讓大家筋疲力竭，除了體力透支外，焦心憂慮也讓我們精神耗弱。

在這個果實纍纍的樂園裡，住著一支樂觀開朗的部落——拉達克人，也稱為西部藏人。他們是一支混血民族，從他們濃密的頭髮可以看得出來，他們的血管中流的是亞利安人的血統。這兒的少婦與女童格外開朗外向，經常開口微笑，露出亮晶晶的牙齒。我想大概是因為這裡流行一妻多夫制，難怪婦女們這麼快樂。在這裡，一家幾兄弟同「嫁」一女，是司空見慣的事，只有極有錢的男人才能例外。

拉達克人見面時習慣說「啾，啾」（Dju, dju）問候，並同時吐出舌頭，做出驚訝狀。

我們在這裡發現一些藏骨灰用的藏式舍利塔（見圖90），也發現一些長條狀的嘛呢石堆，由石板或花崗岩砌成，最頂上的一層石塊上常可看見刻有六字大明咒「唵嘛呢叭彌吽」（Om. man.i padme hu-m.，意為「噢！你這蓮花座上的珠寶」）。

當我從牆上取下幾塊刻有咒語的石板打算帶到柏林博物館珍藏時，有幾名拉達克人看見了，向我的人抱怨。可是當他們聽說我走遍南疆尋遍石窟，只為了將神聖的壁畫帶回祖國膜拜，他們立即主動提供給我一大堆我帶都帶不走的石塊。

在許多地方，幾乎每一塊木板或花崗岩板上都銘刻了這樣的咒語（見圖91）。因為帕那米克有溫泉，所以謝爾在此乘機洗溫泉，以恢復精神；不過我不敢嘗試，因為水實在太燙了！

在前往列城的路上，還有一個大阻礙，即海拔一萬九千六百八十呎的哈爾敦山口（Khardung Pass）。這地方因為馬爬不上去，我們必須繞道遠行。

當我們在攀爬時，有處地方突然出現一片亮晶晶的冰牆，冰牆中有個直徑約一英尺半的開口，其中汩汩湧出一股水，水勢強大。

路是從冰層上鑿開來的，一路上呈Z字形九彎十八拐地直通峰頂。在堅冰上行進，必須棄馬改騎犛牛，而且必須像淑女騎馬一樣側坐而不能跨坐，以免靠山壁的一條腿撞到山壁上的冰層。然而這樣的側坐使我很不舒服。

在一路急降坡後，我們終於漸漸來到較平坦的道路上。剩下的路就很好走了，謝爾也逐漸康復。到了十一月四日，我終於將他送到一處摩拉維亞佈道團開設的醫院療養。

他在這間醫院一住就是六個月之久，因為他實在太虛弱了，不宜再有任何勞累。

歸途

從貧窮落後的南疆一路來到五光十色的列城，旅人不免眼睛為之一亮。我們由一面武裝城牆中的一扇小門入城，入城後，眼界豁然開朗，一條通衢大道在我們面前展開。路旁商家林立，盡頭是拉達克歷代國王的白牆城堡，城堡居高臨下，俯臨路上來往行人。

在九月底，貿易結束前的商季裡，列城是一個熙熙攘攘萬頭攢動的熱鬧城市，在大大小小各個市集裡擠滿了從中原、南疆、喜馬拉雅山區、阿富汗及西藏等處遠道而來的商賈，可是一旦進入十一月，則杳無人跡，大唱空城計。儘管如此，我還是找到一些富商巨賈的華宅，並在討價還價後向他們購買了一些自拉薩運來的貨物。我對這些生意人印象極佳，他們長得好看，打扮體面，舉止雍容優雅，血統上是純粹的拉達克人，信奉回教。

由於西藏高原一路上都是高山深谷，馬匹並非合適的駝獸，所以他們都用一種特殊品種的羊來運貨，一頭羊大約能背負三十四磅（約一．五公斤）重的貨物。

我們聽說這兒有人利用市集的廣場打馬球，在列城通往斯利那加途中，我也經常看到一些自耕農，在這種風行於英國的貴族運動中大顯身手。據我所知，這種運動最早起源於印度東北邊界、喜馬拉雅山區的曼尼普爾人（Manipuris），而它的前身則是古波斯一種叫「夏烏根」（chaugan）的遊戲，再由波斯傳播到世界各地。

波斯語也是從德黑蘭到哈密一帶的回教宮廷的官方語言，另外它也傳遍喜馬拉雅山區與印度。

在列城，有些膚色黝黑的僕役——信奉回教的印度斯坦人（Hindustani）——企圖以宗教為藉口，離間我跟我的僕役。他們警告他們說，我碰過的食物都不潔淨。我於是找來艾岡巴爾底一干人等，指著那些黑皮膚說：「我是什麼膚色？」

「白色。」他們回答。

「你們是什麼膚色？」

「白色。」

「那些人呢？」

「黑色。」

於是我說：「這樣看來，我們法國人和你們都是一家人。印度人彼此形同陌路，也不一起進食，所以當他們要皈依回教時，不和別人一起進食的舊信仰根深柢固難以拔除。不要學他們，因為穆罕默德——願他平安——在《可蘭經》中沒寫這條誡命。」

突厥人聽了以後深以為然，並且譏笑那些惱羞成怒的印度斯坦人。

在多停留一天後，我繼續前進。我在十二天內走完了由列城往斯利那加原本需要十七天的路程。其中有一段山路沿著斷崖向前展開，斷崖下段是波濤滾滾的印度河，景觀十分壯觀。但對於一個像我一樣容易頭暈目眩的旅人而言，這段路是十分危險的。我不得不面向山壁而行，避免向下看。有些地方由於我擔心會墜落深崖，便策馬快速向山下衝刺，其間險象環生，還好最後總算安然度過這段危險的路段。

然後我們一行人來到信德河谷，那時雖然已經是十一月天，卻仍可見到如茵草原和蔥翠茂密的林地。喀什米爾亂石嶙峋的地表，鋪滿綠意盎然的龍膽。然而，在這風光旖旎的谷地中，卻長了一種毒草，馬若是吃了這種毒草，有喪命的可能。在摩雷谷地，也長了一種毒草以及附子。

抵達斯利那加前的最後一站，我在一棵巨大的東方梧桐樹下紮營。這棵樹之大之美，都是我平生所僅見。

到了斯利那加，我在奈都旅舍（Nedou's Hotel）打尖過夜。在裡頭，我巧遇了兩名落單的英國人。進旅社後，我立即沐浴盥洗刮臉，雖然我已經八週沒換過衣服，但由於沒有風沙，身體還保持得很乾淨。

晚餐時我碰見布魯斯先生（Mr. Henry Bruce），飯後我們和另一位藝術家羅泊先生（Mr. Roper）一起抽雪茄小酌。

他們要我描述這次探險的所見所聞，我於是興致高昂地告訴了他們。

可是隔天早上我不太高興地發現，我這位和善的新朋友除了是個小說家，同時也是一家報紙的特派員。他的著作《土妻》（*The Native Wife*）、《歐亞混血兒》（*Eurasian*）與《總督府》（*The Residency*）三書，探討的都是微妙的社會問題。但當他告訴我說，如果他發表一篇有關我冒險犯難的報導文章就能發財時，我就不再反對。結果幾天後，《孟買時報》（*Bombay Times*）刊登了一篇大事吹捧我的長篇報導，使我在整個印度聲名鵲起，後來也讓我聞名歐洲。

翌日我前往總督府拜會榮赫鵬爵士，他是著名旅行家蕭（R. Barkley Shaw）的姪子。榮赫鵬爵士是那種威風凜凜、英俊挺拔的典型英國軍官，他熱誠地招待我，並留我在總督府過夜。不過，我還是不得不婉拒他的好意，因為我不想再將大包小包行李搬進搬出。然而，我還是前去總督府用餐，飯後我們在壁爐前抽雪茄，聽他說他帶兵遠征西藏的故事。

我收到從四面八方打來的電報，其中有謝爾的哥哥從瑙謝拉（Naushera）拍來的，還有印度旁遮普副總督迪安尼爵士（Sir Harold Deane）從白夏瓦（Peshawar）拍來的。迪安尼邀我到總督府暫住，並急急派了一隊嚮導來，要帶我到斯瓦特和巴焦爾，他相信在那裡的許多歐洲人尚未涉足的山谷，散布著許多希臘式佛教遺址，等待挖掘。由於與都庫什山谷地的居民屬於回教激進派，十分排外，所以這些嚮導都來自當地。更因他們在當地有很多親朋好友，跟著他們走，外國人才不會有生命危險。

我正打算接受這項邀請，但在前往電報局途中，突然發現眼睛有類似視網膜剝落的症狀，所以我拍電報回絕了，也因此平白喪失掉一個大好的求知機會[10]。

總督府的大夫愛德華上校（Colonel Edwards）及其夫人悉心照顧我。多虧了他們為我調配的特殊藥方，令我忐忑不安的症狀才告消失。但我的身體還是一日不如一日，而且我又歸心似箭，急著要幫那些手稿覓得一處安全的歸宿。這時一名帕西人（Parsi）[11]好意地為我安排了從斯利那加到拉瓦平第的交通，他雇了名為「通嘎」（tonga）與「也卡」（ekka）的兩種交通工具。「通嘎」是一種輕型的二輪車，由兩匹馬來拉，前後各有一個雙人座。由於跑得快，十分適合長途旅行，不過就是貴了些。

「也卡」則是印度人的首創發明——我認為「通嘎」其實就是英國的兩人座無蓋雙頭馬車，「也卡」則只由一匹馬拉，所以跑得又慢又顛。我選擇了搭「通嘎」，不過在出發前我仍碰上了不少新鮮事。

第二天清晨五點半左右，我聽見有人叩門，同時樓下大廳人聲嘈雜。由於敲門聲越來越急切，我開門一看，赫然發現一群穿著體面、頭包大白頭巾的先生站在門口。他們一見到我立刻將我團團圍住，並且用生硬的英語開始老王賣瓜地自我吹噓起來，同時還不忘詆毀別人。像是「先生，別信他，他說謊，他是大騙子，我是好人，老實人！走開，賊！」等等。我以前在南疆碰到的商人，無論是中國人或是突厥人，都是彬彬有禮，禮貌周到的，所以對這些小販第一個感覺是訝異，驚訝這些人的寡廉鮮恥。於是我要求他們讓我靜靜睡一覺，並承諾稍後再和他們談買賣。

他們聽完都頭點地跪拜，我也折回房間；但不到五分鐘，他們就又再度喧譁起來，如此一而再、再而三地重複，我終於大為憤怒，抓著鞭子便衝出去。

結果他們一哄而散，但不一會就又回來了。

我只好派一名剛剛端早餐（chota hazri）上來、冷得哆嗦的果亞人（Goanese，果亞位於印度西南部），去把高頭大馬的阿富汗人和突厥人找來，這才總算趕走這些黏人的蒼蠅。我不禁大歎「O quae mutatio rerum」（意為「今非昔比」）[12]。

稍後在當天下午三點，我又看見他們在屋前徘徊，我和其中一對兜售銀器的父子檔約了見面，他們賣些物美價廉的小玩意。

有群肌肉發達的船夫（handji）到處拉客作生意，問我要不要租船屋出遊。他們的嬌妻與女兒也在出租之列。我租了艘小船，但謝絕了他們的女眷！斯利那加不由得讓我想起威尼斯。這裡以運河為街，船隻的租期一週、二週，甚至更久，而且隨時都租得到。

離開總督府後，我划小船前往銀匠家中。出乎意料之外的是，銀匠家中一片哀號痛哭聲。我打開門一看，怎麼也沒想到白天還好端端的父子兩人，現在竟成了兩具屍體！原來城裡霍亂流行，疫情蔓延，造成每天數百人死亡，不過歐洲人倒很少受感染。可是當你看到這裡的居民飲用運河水，同時又以運河作為漱口水、洗澡水等的下水道，那麼你就會了解，如果有人逃過一劫那才是奇蹟。

城裡有許多橋梁與壯觀的清真寺，到處有休憩之地，但我歸心似箭無心逗留，在城裡停留不多時，便動身前往拉瓦平第，再由那裡搭火車前往孟買。馬哈拉賈（Maharajah）的「迪萬」（Diwan，即部長）對我的熱誠招待，我銘記在心。

到了孟買，我的表親喬治・沃卡（George Volkart）的一名雇員，帶著我四處參觀。我表親的上司畢克爾先生（Herr Bickel），正是這裡的德國領事。

孟買是個繁華大城，它的富裕與熱鬧足以證明英國統治的成功。

在這裡我搭上一艘開往義大利的郵輪「弗勞瑞．羅巴丁諾號」（Florio Rubattino），一路乘風破浪，經由亞丁（Aden）、蘇伊士運河，薩伊港（Port Said）與那不勒斯（Naples），抵達熱那亞（Genoa），稍後終於回到睽違已久的故鄉。

謝爾上尉一心一意要表達他對我的感恩之情，但他做得頗有技巧。我返家後數星期，收到了在英國的「耶路撒冷聖約翰醫院」（Hospital of St. John of Jerusalem）寄來的一枚純金獎章。這枚空前絕後的獎章是頒贈給我，以表揚我「出於人道精神所做的貢獻」。

【注釋】

1 奎達：位於巴基斯坦，西鄰阿富汗。

2 謝爾上尉為印度文官約翰・謝爾（John Sherer）之子。約翰・謝爾在坎普爾城（Cawnpore）大屠殺後，奉命進城平亂。慘案中，回教徒手刃二百多名被囚禁的英籍婦孺；他進城時發現血流成河，屍塊遍地。目前慘案現場立有紀念碑，悼念無辜死難人士。——原注

3 巴爾蒂斯：位於印度次大陸西北，位於查謨及喀什米爾巴基斯坦控制區境內。

4 吉德拉爾：位於今天巴基斯坦西北邊境省馬拉根德區境內。

5 馬爾吉蘭：為烏茲別克共和國費爾干納州城市。

6 這種小麥在溫水裸泡，使其發芽再曬乾。——原注

7 若不是馬哈拉札（Maharajah）一名高級官員正巧也在帕那米克，我很可能會當冤大頭地以高得離譜的價錢雇用苦力。他是一名從小在英國長大的婆羅門，說得一口流暢的英語，舉手投足間都像個有教養的英國紳士。他讓這些苦力以每人四「安那」（anna）的代價，而非如他們所要求的四盧比高價為我服務。我和他握手致謝，但當他知道我是德國人時，他的反應倒讓我嚇了一跳。他想要我數說英國人的諸多不是。談話中他問我：「你和我握手但英國人不會這麼做。為什麼你能而他們不能？」這倒把我問倒了，我只能回答假如英國人不和印度人握手必然有他們的理由。我和他結成好友。

當我正準備要上路往回走時，我的突厥僕人艾岡巴爾底前來與我告別，身上穿著件寒傖的破毛衣。但我明

明在葉爾羌給他買了件狼皮大衣。於是我問他：「你馬上就要在寒風刺骨中穿越山口，我買給你的大衣哪裡去了？」他說：「先生，大官搶了我的皮衣，給我這件破毛衣穿。」我大為不滿，立刻把大官找來。我當面問他：「你曾問我為何英國紳士不和你握手。如果我早知道你是這種人，我也不會和你握手，你為什麼搶了我僕人的皮衣，給他件破舊的？你明知道他馬上就要在寒冬中登山！」他情緒激動地說：「拿回去，我立刻給他送回去！」我說：「沒錯，但你還得再給他十盧比作為補償。」他找了些托詞，付了錢告辭了，不過這次我們沒握手。

當我加入一九一三年第四梯次遠征隊，抵達喀什噶爾時，我請艾岡巴爾底再為我服務。無意中我重提舊事，不禁莞爾一笑說：「那次我們總算扳回一城了。」但艾岡巴爾底回答我說：「不是這樣的。我抵達下個休息站時，大官的人手早在那裡恭候多時了。他們一併搶走皮衣和錢，只給我留了件破毛衣。」從這件小事可看出，在這個地方，即使受過教育的人都不能輕信。我在此地將我的駿馬良駒賣給有錢人家，但這些人寧可把馬活活餓死，也不願花錢買秣料。——原注

8 斯利那加：為印度西北部查謨和喀什米爾印度控制區的夏都。位於喀什米爾山谷，濱臨傑赫勒姆河。

9 謝天謝地，我們從未碰上山崩，但在山區行走期間的第一星期，我們走了兩天後，就在將抵達庫達馬札爾（Kuda Mazar）休息站時，地面突然微微振盪，同時我們聽見遠方傳來一陣陣悶雷似的隆隆聲，彷彿有什麼東西重重落下。如此每次持繼四到五分鐘之久。我猜是地震，但車隊的腳伕說：「石頭掉下來了。」抵達庫達馬札爾前，我們來到發生落石崩塌的路段，發現一連好幾哩都是從懸崖上落下來的石塊，疊成大大小小的石堆。我們得在這石堆間躡手躡腳地行進，深恐弄出太大聲音，會再引發第二次山崩。——原注

10我眼睛近視很深，當我們在雪線以上的山區行進時，車隊中的馬伕在犛牛尾巴上拔毛，並把牛毛壓在帽底，以下垂的牛毛遮臉。而我則在眼鏡外再戴上太陽眼鏡，但卻什麼都看不清楚。所以我只好摘下護目鏡行進，但過不了多久，我就患了嚴重的雪盲，看什麼都要像海員和高山居民一樣瞇著眼看，甚至無法看太陽。當這些新症狀出現時，我擔心我眼睛已受傷了。——原注

11帕西人：波斯人的一支，但信奉祆教。

12「O quae mutatio rerum」為拉丁文，意思相當是中文中的成語「今非昔比」。作者想攆這些小販走，卻感到體力大不如前，心有餘而力不足，故有今非昔比的感慨。

附錄

德國四次吐魯番遠征活動時間和行進路線

第一梯次遠征隊

一九〇二年

八月十一日　柏林—威爾巴倫（Wirballen）—里賓斯克（Rybinsk）
搭乘窩瓦河汽船經由下諾弗哥羅（Nizh ni-Novgorod）抵達沙馬拉（Samara）
搭乘火車抵鄂木斯克
八月二十八日　搭乘額爾濟斯汽船，抵達塞米巴拉金斯克
九月二日　搭乘驛馬車經由塞吉歐波（Sergiopol）（九月五日）
九月九日　海押立
九月十九日　伊犁
十月三日　「塔朗塔斯」前往精河（十月十三日）
十月二十日　到達石河子

十月二十七日　抵達綏來與烏魯木齊
十一月十七日　從烏魯木齊出發
十一月十九日　達坂城
十一月二十五日　吐魯番
十一月二十六　哈拉和卓（高昌古城）

一九〇三年

三月十二日　托克遜
開都河
阿格爾泉
焉耆
碩爾楚克
庫車
克孜爾

拜城
札木台
策大雅湖
巴楚
五月二日　喀什噶爾
五月十七日　阿拉塔姆
六月四日　安集延
十一月　柏林

第二梯次遠征隊

一九〇四年
十月二日　離開柏林
聖彼得堡

	莫斯科
	鄂木斯克（利用西伯利亞大鐵路）
	塞米巴拉金斯克（搭乘額爾濟斯汽船）
	塞吉歐波
	巴克圖
十月九日	塔城
	額敏
十月十七日	雅瑪圖
十月二十五日	石河子
十月二十八日	瑪納斯
十一月一日	烏魯木齊
十一月十三日	達坂城
	金迪克
	雅爾和卓

十一月十八日　吐魯番

哈拉和卓（高昌故城）

一九〇五年

三月　勝金口

柏孜克里克

木頭溝

吐峪溝

八月　哈密

九月十二日　吐魯番

托克蘇

庫爾勒

庫車

阿克蘇

十月十四日　喀什噶爾

第三梯次遠征隊

一九〇五年

十二月　從安集延出發

十二月六日　到達喀什噶爾與格倫威德爾會面

十二月二十五日　離開喀什噶爾

一九〇六年

一月八日　圖木舒克

阿克蘇

沙雅

一月底　庫車

克日西
錫姆錫姆
阿及依拉克
庫木土拉
克孜爾

六月

焉耆（勒・寇克因病獨自回喀什噶爾，其餘人繼續東行）
（勒・寇克）　（格倫威德爾）
輪台　吐魯番
庫車　哈密
阿克蘇　勝金口
喀什噶爾　烏魯木齊
葉爾羌　柏林（一九〇六年六月）
和闐
葉爾羌

庫克牙

一九〇六年

十二月四日　列城

斯利那加

一九〇七年

一月　柏林

第四梯次遠征隊

一九一三年

四月　離開柏林

安集延

喀什噶爾

巴楚
阿克蘇
六月 阿及依拉克
克日西
錫姆錫姆
十月 庫木土拉
十一月 圖木舒克

一九一四年

二月 撤離
安集延
五月 柏林

探險與旅行經典文庫 009 ML012

新疆地理寶藏記

Buried Treasures of Chinese Turkestan

作者　阿爾伯特・馮・勒・寇克 Albert von le Coq
譯者　劉建台
審訂　林冠群
封面設計　兒日
排版　張彩梅
校對　魏秋綢
策劃選書　詹宏志
總編輯　郭寶秀
編輯協力　廖佳華、陳世慧
行銷業務　許芷瑀

發行人　凃玉雲
出版　馬可孛羅文化
104台北市民生東路2段141號5樓
電話：886-2-25007696
發行　英屬蓋曼群島商家庭傳媒股份有限公司城邦分公司
104台北市中山區民生東路2段141號11樓
客服服務專線：（886）2-25007718；25007719
24小時傳真專線：（886）2-25001990；25001991
服務時間：週一至週五9:00—12:00；13:00—17:00
劃撥帳號：19863813 戶名：書虫股份有限公司
讀者服務信箱：service@readingclub.com.tw
香港發行所　城邦（香港）出版集團有限公司
香港灣仔駱克道193號東超商業中心1樓
電話：（852）25086231　傳真：（852）25789337
E-mail：hkcite@biznetvigator.com
馬新發行所　城邦（馬新）出版集團 Cite (M) Sdn Bhd.
41-3, Jalan Radin Anum, Bandar Baru Sri Petaling,
57000 Kuala Lumpur, Malaysia.
電話：（603）90563833　傳真：（603）90576622
讀者服務信箱：services@cite.com.my
輸出印刷　中原造像股份有限公司
二版一刷　2021年11月
定　價　480元

ISBN：978-986-0767-34-6（平裝）
ISBN：9789860767353（EPUB）
城邦讀書花園
www.cite.com.tw

國家圖書館出版品預行編目（CIP）資料

新疆地理寶藏記／阿爾伯特・馮・勒・寇克（Albert von le Coq）作；劉建台譯. -- 二版. -- 臺北市：馬可孛羅文化出版：英屬蓋曼群島商家庭傳媒股份有限公司城邦分公司發行, 2021.11
面；　公分--（探險與旅行經典文庫；9）
譯自：Buried treasures of Chinese Turkestan
ISBN 978-986-0767-34-6（平裝）

1. 勒.寇克（Le Coq, Albert von, 1860-1930）　2.考古遺址　3.文物　4.新疆維吾爾自治區

797.8　　110016416